규제의 흐름을 알면
부동산 투자가 보인다

규제의 흐름을 알면
부동산 투자가 보인다

초판 1쇄 인쇄 2021년 9월 30일
초판 1쇄 발행 2021년 10월 10일

지은이 앤디

펴낸이 우세웅
책임편집 이현정
기획편집 박관수 한희진
콘텐츠기획·홍보 한희진
북디자인 이유진

종이 페이퍼프라이스(주)
인쇄 (주)다온피앤피

펴낸곳 슬로디미디어그룹
신고번호 제25100-2017-000035호
신고년월일 2017년 6월 13일
주소 서울특별시 마포구 월드컵북로 400, 상암동 서울산업진흥원(문화콘텐츠센터)5층 20호

전화 02)493-7780 | **팩스** 0303)3442-7780
전자우편 slody925@gmail.com(원고투고·사업제휴)
홈페이지 slodymedia.modoo.at | **블로그** slodymedia.xyz
페이스북·인스타그램 slodymedia

ISBN 979-11-6785-034-8 (03320)

규제의 흐름을 알면

부동산 투자가 보인다

앤디 지음

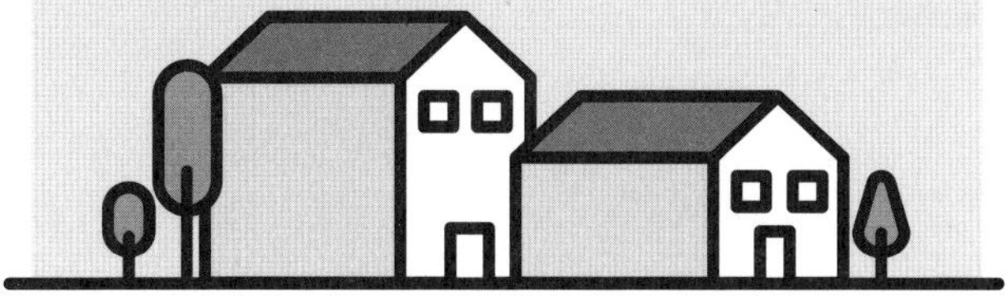

슬로디미디어

프롤로그

벼락거지

: 자신의 소득에는 변화가 없었는데 부동산이나 주식 등 자산 가격이 급격히 올라 상대적 박탈감을 느끼는 것을 뜻함

조금 슬프지만 2021년에 들어 각종 매스컴에서 자주 보이고 들리는 신조어 중 하나입니다. 여러분은 벼락거지가 되지 않기 위해 어떤 것을 준비하고 있나요?

저는 부동산을 선택했습니다.

그럼 부동산이 주식과 다른 점은 무엇일까요?

여러 차이점을 들 수 있겠지만 가장 큰 차이는 '강제적 참여'라고 생각합니다.

한때 저도 부동산에 투자하는 것과 투자하지 않는 것 중 하나를 선택할 수 있다고 믿고 있었습니다. 돈을 벌거나 혹은 잃을 수도 있는 게임에 내가 참여하지 않을 자유도 있다고요. 그리고 아직은 머니 게임에 참여할 만큼의 투자금이 없고, 대기업을 다니고 있으니까 좀 더 착실히 돈을 모은 후에 선택하겠다고 생각했습니다.

이제는 너무나 잘 알고 있습니다. 적어도 주택에 있어서는 쉬지 않고 머니 게임이 진행되고 주사위가 계속 던져지고 있고, 내가 위험한 도박이나 게임에 참여하지 않고 한발 물러나 있더라도, 나의 의지와는 상관없이 강제로 베팅이 되고 있다는 것을요.

부동산은 기본적인 의식주 중 하나이기 때문에 우리는 모두 자가나 전세, 월세 중 하나로 살고 있습니다. 따라서 내가 거주하고 있는 주택에 대해서는 오르는 쪽 또는 내리는 쪽 중 택일해 이미 베팅하고 있는 것입니다.

주택 소유자는 자발적 의사에 따라 상승에 베팅한 것이고, 세입자는 스스로 참여 의사나 인식 여부와 관계없이 모두 하락에 강제 베팅한 것입니다. 그리고 시간이 흘러 상승했는지 하락했는지에 따라 베팅의 승자가 결정됩니다.

전세의 경우에는 보증보험만 가입해두었다면 전세 만기 시에 안전하게 돈을 그대로 돌려받을 수 있는데 무슨 말이냐고 물을 수도 있습니다. 저도 전세로 4년을 살아본 후에야 알게 되었습니다. 4년 전과 같은 돈으로는 같은 수준의 삶의 질을 기대할 수 없다는 것을요.

본문의 내용은 다음과 같이 구성했습니다.

1장에서는 부동산 투자에서 망설이게 되는 요인과 인자들을 생각해보고 부동산 정책을 잘 알아야 하는 이유를 서술했습니다.

2장에서는 저의 지난 경험을 예로 들어 부동산 정책의 행간을 읽고 먼저 선점하여 자산을 축적해온 과정을 구체적으로 풀어보았습니다.

3장에서는 정책의 행간을 파악하기 위해 정보를 습득하고 분석하는 방법과 도구에 대해 설명했습니다.

4장에서는 향후 부동산 정책의 변화 흐름 방향과 이에 따른 대응 방안을 제시해, 독자들께서 이후의 시장에 대응할 때 조금이나마 참고가 되도록 구성했습니다.

부디 이 책을 읽는 독자들께서는 4년의 시간을 하락에 강제 베팅한 후에 깨닫지 않기를 간절히 염원합니다. 그리고 부동산 정책과 규제 홍수의 혼란 속에서 길을 잃은 모든 투자자들이 어떻게 대응하면 좋을지, 향후 정책과 규제가 나온다면 뭘 해야 할지 판단하는 데 이 책이 작은 도움이 되었으면 합니다.

앤디

"Compound interest is the 8th wonder of the world.
He who understand it, earns it; he who doesn't, pays it"
복리는 세계 8대 불가사의다.
복리를 이해하는 자는 돈을 벌고
그렇지 못하는 자는 지불하게 될 것이다.

- 알베르트 아인슈타인

차례

1장

부동산 정책을 잘 알아야 하는 이유

투자 두려움

두려움은 언제나 무지에서 샘솟는다.
- 랄프 왈도 에머슨

우리가 느끼는 두려움의 대부분은 한 번도 경험해보지 못하고 알지 못하는 것들에 대하여 본능적으로 표출되는 감정이라고 합니다. 부동산 투자에서 생각해본다면 내가 잘 모르고 해보지도 않았기 때문에 뭘 해야 할지 몰라 방관하거나, 선뜻 발을 들이기 어렵고 불편할 수 있습니다.

예를 들어, 뉴스와 팟캐스트 등 각종 매스컴에서는 이제 너무 많이 올랐다거나, 일본과 같은 폭락과 잃어버린 20년이 한국도 멀지 않았다는 말을 듣게 되면 더욱 불안하기만 합니다. 또 부동산 투기세력은 세금폭탄으로 이제 더 이상 버틸 수 없어 다 팔고 있다는데, 만약 내가 지금 부동산을 사면 그 폭탄을 떠안게 되는 것이 아닐까 몹시 걱정이 됩니다.

투자는 여유 자금으로 하는 것이므로, 나는 일단 지금은 착실하게 돈을 모아 내 집 마련을 하고 대출금을 모두 상환한 뒤 여유 자금이 축적되면 투자하겠다고 생각하기도 합니다.

어느 쪽이든 좋습니다. 꾸준히 공부해서 부동산 투자자가 되어도 좋고, 내 집 마련까지만 목표로 하고 부동산에 더 이상 신경 쓰지 않아도 좋습니다. 아니면 내 집에 자산을 묶혀두는 것은 아까우니 집을 사지 않고 거주는 월세로 하고 주요 자산은 주식 등 금융 투자에 집중해도 됩니다. 투자와 자산 증식의 방법은 정답이 정해진 것이 아니고 무수히 많은 경로와 길이 있으니까요. 다만, 어느 분야든 직접 판단하고 결단할 수 있을 정도로 충분히 공부하고 경험해본 후 결정하길 바랍니다. 삶의 중요한 부분인 주거 수단을 결정하는데, 나는 잘 모르면서 주변 사람의 말만 보고 듣고 이에 의지하여 결정할 수는 없으니까요.

잘 모르기 때문에 생기는 두려움에 맞서 스스로 공부해서 안다는 것은, 잘못된 정보에 휘둘리거나 뭘 해야 할지 몰라 망설이거나 멀리서 방관하지 않고, 내 스스로의 판단에 의해 결정하고 실행하는 것입니다. 또한, 모르기 때문에 발생하는 두려움을 극복하는 용기를 주는 동시에 학습 효과를 통해 앞으로 더 나은 선택을 하게 되는 경험과 밑거름이 됩니다.

이렇게 열심히 공부해서 보상으로 좋은 결과를 얻으면 자신감을 얻고 더욱 열심히 공부하고 스마트하게 투자하여 성장하는 선순환에 이를 수 있습니다.

이에 반해, 내가 직접 공부를 하지 않으면 결국 누군가 공부한 다른 사람의 정보에 의지할 수밖에 없습니다. 다른 사람의 판단과 경험에 의해 투자된 물건이 만족스러운 결과를 가져오지 않거나, 법률적 하자가 발생하거나, 악재가 발생하여 손실이 날 경우 다른 사람을 비난하고 원망하게 됩니다. 결국에는 부동산 투자자는 모두 투기꾼이라며 질타하고, 내가 가난한 이유는 투기꾼들이 내 몫까지 모두 빼앗아 갔기 때문이라며 미워합니다. 그러다가 자신은 부동산 투자와는 맞지 않는다고 포기하게 됩니다. 부정적인 기운이 가득한 악순환의 고리에 빠지는 것이지요.

정보를 얻고 공부를 하는 과정에서는 다양한 경로를 통해 습득해야겠지만, 결국 최종적인 투자 결정은 자신이 해야만 결과에 책임질 수 있고, 좋은 결과는 좋은 대로 또 나쁜 결과는 나쁜 대로 자양분이 되어 스스로 성장하면서 지속적으로 투자를 이어갈 수 있습니다.

동일한 현장에 대해 같은 상황에서 투자를 하고 같은 결과를 얻더라도, 스스로 판단에 의해 결정하고 실행한 것은 나의 투자와 그에 따른 성과이지만 다른 사람의 정보에 전적으로 의존하여 나타난 결과물은 단순히 아웃풋일 뿐입니다.

다시 말해, 부동산에 직접 투자한 것이 아니라 부동산을 투자할 수 있는 주변 사람과 정보에 간접적으로 권한을 위임하는 투자 결정을 한 것이고, 그 결정에 따라 투자권한을 위임받은 누군가의 다른 사람에 의해 실행된 투자의 결과물을 내가 받는 것입니다.

이는 실질적으로 부동산 리츠 등의 금융상품을 이용하여 자본을 투자하고 투자 수익금을 받는 것이나, 금융기관의 펀드 상품을 선택해서 투자하고 수익금을 받는 간접 투자와 다를 것이 없다고 생각합니다.

투자하고 있는 부동산 물건이 너무 많아 혼자 모든 것을 검토하고 결정할 여력이 없다면, 일부 권한을 다른 사람이나 기관에 위임하여 이와 같은 방법으로 간접적 투자를 해도 좋습니다. 이는 몰라서 남에게 맡기는 것이 아니라, 관리를 위해 더욱 효율적인 방법을 찾은 것이니까요.

그러나, 단지 그동안 부동산에 관심이 없어 잘 모르고 이제와서 새로 공부하는 것이 귀찮거나 두렵기 때문에 남에게 맡기거나 주변 사람에 의지하려고 하는 것은 바람직하지 않다고 생각합니다.

부동산 투자에서 종목을 세분하면 주택, 상가, 토지 등이 있고, 이를 다시 세분하면 주택에서도 아파트, 빌라/연립, 재개발과 재건축, 분양권 등으로 나눌 수 있습니다.

지역에서도 수도권과 지방권, 토지거래허가구역/투기지역/투기과열지역/조정대상지역 등 규제 지역과 비규제 지역으로, 규제 지역 내에서도 서울과 수도권, 강남과 강북 등 다양하게 나누어집니다.

주식과 같은 금융 투자에서도 단타 매매만 있는 것이 아니라 중장기적 가치투자, 배당주 투자 등의 다양한 투자 방법이 있습니다. 마찬가지로 부동산에서도 위에 열거한 각 종목의 특징과 정책 방향에 따라 장기투자를 해야만 하는 항목이 있고, 단기투자가 상대적으로 더욱 효율적인 종목이 있습니다.

장기투자와 중기투자, 단기투자를 적절히 배합하여 자신에게 맞는 포트폴리오를 갖추어 가는 것이 이상적입니다. 그렇지만 일반적으로 부동산은 장기적으로 우상향하는 자산이므로 가급적이면 장기투자하는 것이 유리합니다.

이러한 장기투자에서는 속도보다 중요한 것이 방향입니다. 방향이 잘못되었는데 열심히 최선을 다하기만 하는 것은 더욱 잘못된 방향으로 멀리 도약하여 결과를 악화시킬 뿐입니다. 꾸준한 공부를 통해 자신만의 투자 방향을 찾아내고 지속 가능하도록 유지하는 것이 속도보다 더욱 중요하다고 생각합니다.

그리고 이러한 방향 설정은 처음 시작할 때에만 하는 것이 아니라 끊임없이 지속적으로 내 방향이 맞는지 주변 여건의 변화에 따라 수정해야 할 부분이 없는지 고민해야 합니다.

한 가지 더 강조하고 싶은 것은 각자의 상황에 따라 나에게 맞는 투자처에 내가 활용할 수 있는 방법으로 투자하는 것이 가장 현명한 투자입니다. 아래 예시와 같이 고려해야 할 요소들은 다양하고 그에 따른 투자 전략이 달라질 수 있기 때문입니다.

투자를 위해 고려해야 할 요소의 예시

- 자본금이 풍부한 경우와 부족한 경우
- 금융기관의 대출이 적고 신용점수가 높은 경우와 기존 대출이 많고 신용점수가 낮은 경우
- 비교적 안정적인 근로 소득이 지속될 것으로 예상되는 경우와 비정기적인 사업소득이 일시에 크게 발생하거나 줄어드는 경우

- 2~3년 이내 꼭 사용해야 할 자금을 투자하는 경우와 10년 이상 장기로 사용하지 않아도 될 자금을 투자하는 경우
- 자가로 거주하기에 적합한 환경 조건을 고려하여 거주와 동시에 투자를 해야 하는 경우와 자가 거주와 무관하게 오직 투자로 높은 수익이 필요한 경우
- 일시에 차익금이 발생하는 투자를 선호하는 경우와 매월 꾸준히 지속적으로 월세 수입이 발생하도록 투자하는 것이 필수적인 경우

두려움을 이겨낼 수 있는 가장 확실한 방법은 스스로 공부하여 더 정확하고 상세히 부동산 정책과 규제를 파악하는 것입니다. 이를 통해, 내가 할 수 있는 투자 방법을 도출하여 실제 투자에 적용하면 됩니다. 또한, 과거의 유사한 정책과 규제가 도입되었을 때 이에 따른 파급 효과와 긍정적 영향, 부정적 영향에 대한 경험을 복기하고 축적된 데이터를 분석하여 앞으로 발생할 수 있는 변화의 방향성을 예측하고 대응하는 것입니다.

수많은 시행착오를 거치며 쌓여 있는 지난 데이터와 경험들을 발판 삼아, 두려움을 극복하고 자신만의 투자의 길을 찾아 나아가길 바랍니다.

억울한 세금

누구도 피할 수 없는 것은 죽음과 세금뿐이다.
- 벤저민 프랭클린

최근 부동산 정책에 따른 소득세법, 지방세법 개정으로 인해 과거에 비해 부동산 투자 수익률을 산정함에 있어 세금의 비중이 매우 높아졌습니다. 부동산을 매수할 때에는 법무사 사무실에 맡기면 되고, 부동산을 매도할 때에는 세무사에게 맡겨 양도세를 산정하면 되겠다고 생각했다가는 수익금의 대부분을 세금으로 내고 빈손이 되는 경우도 발생할 수 있습니다. 또한, 아직 시작 단계에 불과한 종합부동산세도 점차 큰 부담으로 다가올 것으로 예상됩니다.

이제는 부동산 투자 계획 단계부터 세금에 대한 대비를 미리 투자 계획에 반영해야 합니다. 아래에서는 세금에 대한 투자 계획을 소홀하게 생각했을 때의 사례들을 살펴보겠습니다.

사례 1 1주택 비과세 요건

다주택자의 경우라도 보유 주택을 차례로 양도하여 최종 1주택이 되고, 그 최종 1주택을 양도할 때 비과세 혜택을 받을 수 있습니다. 기존에는 다주택자가 다른 주택을 모두 처분하고 최종적으로 1주택이 되면, 최종 1주택을 바로 매도해 처분하더라도 1주택 비과세 혜택을 받을 수 있었습니다. 그러나 소득세법 개정에 따라 2021년부터는 다른 주택을 모두 양도하고도 최종 1주택을 보유하게 된 날부터 기산하여 2년 보유 또는 2년 거주(2017.8.3. 대책 이후 조정대상지역에서 취득한 주택일 경우 거주요건 필요) 요건을 충족해야만 비로소 1주택 비과세 혜택이 주어집니다.

만약, 이를 간과하고 다주택자가 다른 주택을 모두 처분해 최종 1주택이 되었다 해도 이를 바로 매도했다면, 1주택 비과세 혜택을 받지 못할 뿐만 아니라, 다주택자로 취급되어 양도소득세 추가과세(중과) 등 세금 폭탄을 피할 수 없게 됩니다.

사례 2 1세대 1주택자 장기보유특별공제(*) 요건

(*)장기보유특별공제: 주택을 장기보유하고 양도 시 양도차

익의 일정 부분을 공제해주는 제도

1세대 1주택자의 경우 양도차익에 대해 장기보유특별공제가 적용되어 양도소득금액이 정해지고 이에 따라 과세표준이 적용되는데, 종전에는 실제 해당 주택에 거주하지 않더라도 임대를 주면서 주택을 소유하기만 하면 보유기간에 따라 장기보유특별공제 혜택이 동일하게 적용되었습니다.

그러나 개정 소득세법에 따르면 3년 이상 보유하고 2년 이상 거주하는 경우, 보유기간과 거주기간에 따라 각각 차등을 두어 단계적으로 장기보유 특별공제 혜택이 적용됨에 따라, 종전에 비해 장기보유특별공제 혜택이 보유기간 요건과 거주기간 요건으로 양분되었습니다. 뿐만 아니라, 장기 보유하더라도 최소 2년 이상 거주하지 않았다면 1주택자 장기보유특별공제 혜택을 적용받을 수 없고, 보다 낮은 요율인 다주택자 장기보유특별공제가 적용됩니다. 2년 이상 거주하더라도 거주기간에 따라 8%에서 40%까지 거주기간에 따라 차등 혜택을 받게 됩니다.

이를 고려하지 않고 종래와 같이 보유기간만을 따져 10년 이상 장기보유특별공제 혜택 80%로 산정한다면 역시 예상과 다른 양도소득세 폭탄을 피할 수 없습니다.

1세대 1주택에 대한 장기보유특별공제율

기간(년)		3년~	4년~	5년~	6년~	7년~	8년~	9년~	10년 이상
현행 (%)	보유	24	32	40	48	56	64	72	80
개정 (%)	보유	12	16	20	24	28	32	36	40
	거주	12(8*)	16	20	24	28	32	36	40
	합계	24(20*)	32	40	48	56	64	72	80

* 보유기간이 3년 이상(12%)이고 거주기간이 2년~3년(8%)인 경우 20% 적용
(출처 : 국세청 주택세금 100문 100답)

사례 3 분양권의 보유 주택 수 판단 요건

주택과 관련한 세금을 산정함에 있어 보유 주택 수를 따질 때, 종래에는 주택 양도 시에만 다주택자의 개념이 있었으므로 주택 양도 시의 분양권 보유 여부에 따른 주택 수만 고려하였습니다.

2021년 개정 소득세법에 따라 2021년 이후 취득한 분양권의 경우 양도소득세 추가세율(중과) 판단 시 보유 주택으로 보아 주택 수에 포함됩니다.

이에 비해, 2020년의 7.10부동산대책에 따라 지방세법이 개정되어 2020년 8월 12일 이후 취득한 분양권의 경우 취득세 중과세율 판정시 분양권도 주택으로 보아 주택 수에 포함

됩니다.

만약, 양도소득세 산정 시 보유 주택 수와 취득세 산정 시 보유 주택 수가 각기 서로 다른 법률에 따라 개정되어 그 적용 시기가 서로 다름을 모르고, 2020년 8월 12일 이후 분양권을 취득한 후 2020년 12월까지 실거주를 위한 다른 부동산을 취득하는 경우가 있을 수 있습니다. 이때에도 이미 먼저 취득한 분양권을 보유 주택으로 보아 실거주 주택의 잔금 지급 및 등기 이전시 다주택 보유에 따른 취득세 폭탄을 맞게 됩니다.

사례 4 다주택자 양도소득세 추가세율(중과) 인상

종래 2주택, 3주택 이상의 경우 양도소득세 추가세율(중과)이 각각 10%, 20% 적용되었으나, 2020년 7.10부동산대책에 따라 2021년 6월 1일 이후 조정대상지역에서 양도소득세 중과 대상 주택을 양도하는 경우 추가세율이 주택 수에 따라 2주택, 3주택 이상의 경우 각각 20%, 30%로 인상되었습니다.

단, 이는 양도에 따른 소유권이전등기 접수일을 기준으로 하는데, 이를 간과해 2021년 5월 이전 매매계약을 체결했으나 잔금일(등기이전일)을 2021년 6월 1일 이후로 했다면 인상된 양도소득세 추가세율(중과)이 적용되어 10% 세율이 추가 반영됩니다. 이에 더하여 2021년 귀속분 재산세와 종합부동산세까지 납부해야 합니다.

이처럼 부동산을 살 때부터 팔 때까지 납부해야 하는 세금들은 부동산 정책의 변화에 따른 소득세법, 지방세법 등 개정에 따라 지속적으로 변하고 있습니다. 뿐만 아니라, 투자 수익률에서 세금이 차지하는 비중이 점차 높아지고 있어 투자의 성패를 가르는 중요한 요소 중 하나가 되고 있습니다. (개인적으로 이제는 성공적인 부동산 투자에서 세금이 차지하는 비중이 적어도 30% 이상이라고 생각합니다.)

본인은 1주택자이므로 세금이 별로 나올 일이 없다고 안일하게 생각하거나, 초보 투자자라 아직 세금을 잘 모르고 생각할 겨를이 없었다고 하더라도, 세금은 피할 수 없이 동일하게 적용됩니다.

내야 할 세금을 회피하거나 탈세를 하라는 것이 아니니 절대로 오해하지 않기를 바랍니다. 종전과 같이 부동산 투자에만 집중하여 수익률을 계산하게 되면, 오랫동안 힘들게 벌어들인 수익의 대부분을 세금으로 납부하게 될 수 있습니다. 따라서, 매수/보유/매도의 각 단계별로 어떤 종류의 세금이 어느 정도의 규모로 부과될 수 있는지 미리 익혀두고 이에 따른 수익률을 파악하고 있어야 합니다. 필요하다면 납부해야 할 세금을 고려해 보다 효율적인 투자 대상과 방법을 강구해야 하겠습니다.

출간하자마자 베스트셀러가 된 도서 〈주택과 세금(국세청, 행정안전부)〉을 발간한 취지도 이미 과세된 세금을 탈세하라는 것이 아니라 발생하게 될 세금을 미리 파악해 똘똘한 납세자가 되라는 뜻일 것입니다.

한 가지 유의할 점은 최근 몇 년간의 부동산 대책이 아니더라도 세법은 크고 작은 변화들로 거의 매년 개정되어 왔으며, 개정된 세법이 발효되는 시점에 따라 세금이 확정됩니다.

그러므로, 장기 투자하는 부동산을 취득하는 단계에서 10년 후 어떻게 변화할지 모를 양도 시의 양도소득세까지 정확하게 계획하는 것은 매우 어려운 일입니다.

부동산 정책 방향의 변화에 따라 세금은 강화되기도 하고 한시적으로 면제되기도 하지만, 장기적으로 볼 때 조세정책은 납부되던 세금이 갑자기 사라져서 납부 의무가 없어지는 경우는 찾아보기 어렵습니다. 오히려 과세 항목이 늘어나거나 강화될 가능성은 잠재되어 있습니다. 이에 계획 단계에서 현 세법을 기준으로 산정해보면 최소한 얼마의 세금이 발생할 것이라는 최소 예상치를 염두에 두고 자금 계획을 하는 것이 바람직합니다.

이러한 계획 없이 투자하는 경우 자칫 잘못하면 주변 사람들에게는 큰 차익을 얻었다고 오해를 사는 반면, 실제로는 계획에 반영하지 못했던 세금으로 수익의 대부분을 납부해야 하는 슬픈 일이 생길 수 있습니다.

리스크 최소화

부동산 투자자를 분류해보면 정책을 직접 분석해 바로 행동하는 퍼스트 무버(first mover)가 있고, 현장 분위기와 데이터를 체크하면서 빠르게 벤치마킹하는 패스트 팔로워(fast follower)가 있습니다. 그 다음, 언론 매체를 통해 널리 알려진 후에는 일반 대중들이 관심을 갖고 움직이게 됩니다.

부동산 거래의 경우 실거래가 신고 기간이 과거에는 계약 체결일로부터 60일 이내에 신고하도록 했으나, 최근 개정된 부동산거래신고법이 시행된 2020년 2월 21일부터는 계약 체결일로부터 30일 이내에 신고하도록 하고 있습니다.

통상적으로 부동산에서는 우리가 매매 계약을 체결했다고 해서 즉시 실거래가 신고하는 것이 아니라 신고 기간 마감이 임박해서 거래 신고를 하는 경우가 많습니다. 특히 실무에서는 매매 가액이 높은 거래일수록 실거래가를 늦게 신고하는 경향이 있다고 합니다.

따라서, 우리가 실거래가 데이터들이 축적되는 것을 눈으로 보고 확인한 때에는 이미 실제로 매매 계약이 체결된 지 적어도 1~2개월이 지난 후가 됩니다.

부동산은 공장에서 출하할 수 있는 상품이 아니므로, 동일 지역이나 단지에서 불과 몇 건의 매물이 거래되어 소진되더라도 남은 매물은 매도 호가가 비교적 높은 매물들이 남게 됩니다. 특히, 앞선 거래의 매물 소진 속도가 빠를수록 잔여 매물의 매도 호가 상승을 유발할 가능성을 가지고 있습니다.

따라서 실거래가 데이터를 확인하고 바로 달려가더라도 급등하는 지역에서는 이미 매매 가격이 달라져 있을 가능성이 높습니다. 오히려 몇 건의 매매 계약이 체결되고 어느 정도의 시간이 지났는데도 동일 지역이나 단지에 매매 가격이 그대로 유지되고 매물을 쉽게 찾을 수 있다면, 이는 동호수 배치, 인테리어 상태, 거실뷰 방향, 기존 거주 중인 세입자의 계약 기간이 장기로 남아 있는 등 내재가치가 낮은 매물이 아닌지 살펴보아야 합니다.

또는 어떠한 이유에서든지 매물이 적체된 지역으로 매수자 우위 시장(즉, 매도하려는 사람은 많으나 매수자가 적은 경우)이 아닌지 의심해보고 재차 검토해볼 필요가 있습니다.

퍼스트 무버가 될 수 있다면 가장 좋겠지만, 빠르게 벤치마킹하는 패스트 팔로워도 충분히 좋은 투자자라 생각합니다. 어떤 정책과 규제, 지역의 호재가 발생했을 때, 이에 대한 파급효과를 분석하여 즉시 분석할 수 없다면, 우리는 전문가들과 퍼스트 무버가 어떻게 움직이고 있는지 현장 분위기와 거래 데이터, 호가의 변동 데이터 등을 체크하면서 즉시 거래할 수 있는 준비를 해두고 빠르게 진입하면 됩니다.

물론, 어느 지역에 투자자들이 몰려 크게 상승했다고 뉴스 기사에 나오고 대중의 주목을 받으며 많은 사람이 알게 된 이후에 진입하더라도 수익을 볼 수 있습니다. 그러나 이미 대중들의 관심을 받은 이후에는 시장 원리에 따라 매수 수요가 늘어난 것이므로 거래할 수 있는 부동산의 매매 가격은 상승할 수밖에 없습니다. 다시 말해 이는 이미 먼저 빠르게 움직여 부동산을 매수한 사람들은 즉시 수익구간에 진입함을 의미합니다.

또한 이 시기에는 매수를 원하는 대기 수요들까지 늘어나게 되어 좋은 매물을 구하기도 쉽지 않을 뿐더러, 설령 물건을 구한다 하더라도 상대적으로 더 높은 가격을 지불해야 할 것입니다.

누군가는 안정적인 투자를 선호하기 때문에 대중이라는 수요가 움직이는 반응을 확인하고 그 후에 투자하는 것이 리스크를 줄이는 안정적인 투자라고 생각할 수 있겠습니다. 그러나 다른 측면에서 생각해보면 어떤 호재나 규제에 대해 늦게 대응해 진입했다가 상승 구간에서는 그동안의 급등 피로감으로 인해 정체기를 맞이하여 투자 수익이 낮아지거나 수익 확보를 위해 투자금이 묶이는 리스크가 있다는 점도 생각해볼 필요가 있습니다.

또한 악재나 규제로 인해 보유 중인 부동산을 빨리 매도하고 빠져나와야 하는 시점이라면, 늦게 대응해 매물을 내놓는 경우에는 얼마 되지 않는 매수 수요자들이 이미 먼저 소진되어 버릴 수 있습니다.

그 후에는 매물이 거래가 되지 않고 적체되어 급매로 던지는 매물들 속에서 매도 거래 자체가 어려운 상황을 맞이하게 되거나, 변경된 법률 적용에 따라 혜택이 사라지거나 또는 부과되는 세금이 크게 늘어날 경우도 있을 수 있습니다.

부동산 정책과 규제의 내용, 개정 법률과 시행 시기들을 지속적으로 파악해야 하는 이유가 여기에 있습니다. 부동산은 더 이상 수요와 공급의 시장 논리로만 움직이는 것이 아니라, 규제와 법률 개정 등의 요인에 의한 변동 가능성이 높아지고 있습니다.

이러한 정책과 규제는 큰 방향성을 예상해볼 수는 있으나 정확히 예측할 수 없는 영역이므로, 빠르게 사후적 대응을 하는 것이 중요 포인트입니다.

개인적인 생각으로는 최근 부동산 투자 영역에서 20~30대가 늘어난 것이 언론에서 얘기하는 것과 같이 패닉 바잉으로 볼 수도 있지만, 다른 측면으로는 MZ세대가 일하는 방식이 기존 세대에 비해 상대적으로 빠르게 정보를 습득하고 데이터를 정리하고 분석하여 이에 대응하는 것에 익숙하기 때문이라 생각됩니다. 부동산 투자에서도 빠른 속도로 정보를 스캐닝하여 움직이는 패스트 팔로워라는 새로운 세력이 확장하고 있음을 눈여겨볼 필요가 있습니다.

만약 내가 빠르게 정보를 입수하고 움직이는 데 약하다면 어떻게 해야 할까요? 앞에서도 말했지만 정책과 규제의 내용, 개정 법률을 공부하면서 본인 스스로 직접 확인해 성장하는 방법밖에 없다고 생각됩니다.

시간적 순서로 나열해보면,

A) 어떤 정책과 규제라는 사실을 접하게 되면,

B) 분석을 통해 그 영향력과 파급 효과가 어느 방향으로 될지를 예상해야 하고,

C) 현재 나의 보유 부동산 및 자금에 따라 내가 무엇을 해야 할지를 결정해야 합니다.

결국 최종 C)단계까지를 거쳐야만 매수를 하든 매도를 하든 거래를 할 수 있습니다.

A)단계는 속도에 따라 정보의 입수가 달라질 수 있겠지만, B)단계부터는 본인 스스로 판단하거나 전문가의 자료나 강의, 검색을 통해 도움을 받아 습득할 수 있으며, 현장에서 이를 적용해 거래를 체결할 것인지의 C)단계는 오로지 스스로 판단해야만 합니다.

A)단계를 스스로 빠르게 하기 어렵다면, B)단계를 관심을 두고 꾸준히 살펴보시기 바랍니다. 관심을 두고 전문가의 도움을 받는다면 A+B)단계를 한꺼번에 패스하고 스스로 B)단계에 대해 재차 검증해본 후 최종 본인이 C)단계의 의사 결정

을 하더라도 늦지 않다고 생각합니다.

정책과 뉴스에 대한 투자 소식들이 시간이 지나 대중들에게 널리 알려진 이후에는, 투자 권유 문자나 전화 등의 홍보와 권유가 많아지게 됩니다. 달리 말하면 이는 전문업체들이 많이 개입되어 유사한 투자 상품들이 많아져 레드 오션시장이 되고 공급이 많아져 투자 수요자를 찾기 어려워진 경우일 수 있습니다. 또는 그만큼 이미 거래 가액이 단기간 급등해 호가가 높아진 상태에서 공급에 비해 수요자를 찾기 어려워진 상황일 수 있습니다.

내재 가치에 따라 장기적으로 조금씩 상승하는 것이 아니라, 단기간 호재 뉴스나 규제에 따라 급등하고 급락한 가격은 수요와 공급의 적정 접점을 찾을 때까지 출렁이며 파동 형태를 보일 수 있습니다. 어떤 경우에는 가격이 출렁이며 파동을 보이는 그 순간이 향후 장기간 지속될 수 있는 호재의 상승부 초입 기회를 포착하는 행운의 순간일 수도 있겠지만, 또 다른 경우에는 단기간 과도한 급등에 대한 피로감으로 균형을 찾아가는 과정의 순간일 수 있습니다.

이와 같이 투자 권유나 홍보를 받을 때 장기간 지속될 수 있는 좋은 호재로 인해 상승부 초반에 있는지, 단기간 급변하는 혼란기 상태인지, 투자자가 판단해 결정하기 위해서는 정책과 규제 및 개정 법률에 대한 충분한 이해와 파급 효과, 다양한 전문가의 의견을 참고해 본인의 투자 견해를 정립해둘 필요가 있겠습니다.

2장

정책의 행간을 잘 읽어내 투자에 성공하다

LTV, DTI 상향 정책을 활용한 내 집 마련

누구나 내 집을 마련하는 과정은 처음이기 때문에 어렵고 힘들 것입니다. 지금부터는 직접 겪은 일들을 당시 기억을 되살리며 가능한 초심자의 마음으로 재현해보았습니다. 부디 내 집 마련을 고민하시는 모든 분들께 조금이나마 도움이 되길 바랍니다.

수많은 사람들과 마찬가지로 저도 원래 부동산 투자에 관심이 있었던 것이 아니었습니다. 또한, 투자자의 집안에서 자라 어릴 적부터 부모님이 투자하는 것을 지켜보거나 땅을 보러 다니면서 감각을 익힌 것도 아닙니다. 저는 그래프와 도표를 싫어하는 것은 아니었지만 이상하게도 학창 시절부터 수요와 공급 곡선은 보기만 해도 머리가 아파 오고 영어를 듣기만 해도 가슴이 답답해져 공과 대학에 진학했습니다. 그저 평범한 공대생으로 조금 늦은 나이에 남들처럼 취업하고 결혼했습니다.

2011년 봄에 결혼하면서 신혼집을 구할 때 집을 사는 것은 생각도 하지 못했습니다. 2010년 즈음부터 이미 뉴스와 언론에서 미분양 아파트가 적체되고 있고 이른바 하우스푸어 사태가 사회의 큰 문제가 되고 있는 시기였습니다. 신혼집을 마련하는 데 돈이 넉넉한 것도 아닌데 집을 사면 가격이 떨어질 것 같았습니다. 또 주택담보 대출은 마치 도박에 손을 대는 것처럼 위험천만한 일로 느껴졌습니다.

회사 동료나 주변 친구들이 모두 그렇듯 매매에 대한 고민 없이 전세를 알아보았습니다. 전세 아파트 매물도 너무너무 많고 전세금으로 부족한 금액은 은행에서 낮은 금리로 아주 간편하게 전세자금 대출을 해준다고 했습니다. 또, 전세가 만기되면 내가 낸 전세금을 고스란히 돌려받을 수 있으니까 위험부담도 없었습니다.

제가 할 일은 공인중개사에게 요청해서 등기사항전부증명서(당시에는 등기부등본)에 문제되는 것은 없는지 확인하고 신혼

여행이 끝나고 돌아오는 날짜에 맞춰 입주할 수 있는 마음에 드는 집을 고르면 그만이었습니다. 신혼집을 준비하기 위한 자금은 1억이 조금 안 되었습니다. 저는 전세자금 대출을 최소한으로만 받기 위해 분당의 작은 아파트를 1억 4천만 원을 주고 전세로 얻었습니다.

전세 만기가 되면 어떻게 해야 하는지 미리 고민조차도 하지 않고 지냈습니다. 그러던 중 2013년 초 계약만기가 다가왔습니다. 집주인은 집을 팔지도 모르겠으니 나가달라고 했습니다. 전세로 더 살고 싶다고 했더니 시세에 따라 전세금을 크게 올려달라고 했습니다. 당시 저는 분당 전세가의 변동이나 전세 실수요자의 확대 등은 전혀 파악하지 못하고, 그저 나쁜 집주인 탓을 하며 다른 전셋집을 찾았습니다.

그런데 기존 전세금 1억 4천만 원으로 찾으니 그 돈으로는 분당에서 전세를 찾기 어려웠습니다. 고민하던 끝에 분당보다 생활환경은 다소 불편하지만 공간이 더 넓고 회사 출퇴근도 나쁘지 않은 안양 지역을 알아보았습니다. 그리고 전세자금 대출을 더 많이 받아서 1억 8천만 원으로 아파트 전세계약을 했습니다.

분당에서 전세로 살던 지난 2년간 열심히 모아 저축한 돈으로 전세금을 늘려 나간 것이 아니라, 저금리에다 전세자금 대출을 많이 해주어서 큰 부담 없이 대출을 더 받은 것이었습니다.

2015년 초 계약 만기시점이 다가오자 안양 아파트의 집주인도 집을 팔거나 전세금을 올리겠다고 했습니다. 저는 집주인에게 매수인이 구해질 때까지만이라도 더 살게 해달라고 했습니다. 매수인이 나타나면 퇴거해주는 조건으로 전세금 변동 없이 전세계약을 연장했습니다. 그런데 연장한 지 2개월이 채 지나지 않아 매수인이 나타났습니다. 매매 계약을 하고 매매잔금 및 퇴거일을 협의해 겨우 이삿날을 5월로 미뤘습니다.

그제야 마음이 다급해진 저는 황급히 주변을 알아보았으나 이미 2년 전에 비하면 전세시세가 너무 많이 올라 있었습니다. 이제는 안양에서도 대출을 제외한 전 재산 8천만 원에 전세자금 대출을 최대한으로 활용하더라도 입주할 수 있는 아파트를 찾기 어려웠습니다. 부동산에서는 그 정도 돈이면 아파트는 포기하고 빌라 전세를 찾아보라고 권유했습니다.

지난 4년간 전세를 살면서 꾸준히 저축해서 돈을 불리기는

커녕 근로소득만으로는 생활비를 충당하기에도 급급했고, 자연스레 2세 계획도 자꾸만 멀어져가고 있어 불안하던 시기였습니다. 분당 아파트에서 전세를 살다가 안양 아파트에 전세로 이사왔는데 이제는 아파트는 더 이상 들어갈 수 없고 안양 빌라에 전세로 들어가야만 했습니다. 이런 상황이 너무 싫어서 스스로가 자꾸만 바닥으로 가라앉는 기분이 들었습니다.

하우스푸어 사태를 지켜보면서 집은 언제나 쉽게 구할 수 있는 거라고 생각했었는데, 이제는 내가 거주할 집을 구하기 어려워 거리에 나앉을 위기에 처했다 생각하니 만감이 교차했습니다.

하지만 마냥 슬퍼할 겨를도 없이 이 집에서 나갈 시간이 다가오고 있었습니다. 어떻게든 방법을 찾아야 했습니다. 주말은 물론이고 평일에도 야근을 하지 않는 날에는 매일 이사갈 집을 알아보러 다녔습니다. 짧은 기간이었지만 집중적으로 집을 구하러 돌아다녀 보니 다음과 같은 사실들을 알게 되었습니다.

A) 2011년과 달리 2015년에는 전세 매물이 귀해져 전세가격이 급등했고, 그나마 있던 전세 매물들은 초등학교 입학 시즌 전에 이미 소진되어 남아 있는 전세 매물이나 새로 나온 전

세 매물이 별로 많지 않음.

B) 은행의 대출 완화로, 집을 사면 오히려 전세를 얻는 것보다도 더 많은 금액을 대출받을 수 있어서 가지고 있는 돈 8천만 원으로도 생애 최초 주택구매 대출상품(디딤돌대출)을 활용할 수 있음.

C) 맞벌이하던 아내가 나에게 매월 보내주던 생활비 외에도 아내가 아끼며 차곡차곡 혼자서 모아두었던 1천만 원이 있는데 집을 구할 때 보탤 수 있다고 함.

당시 부동산에 대한 공부가 전혀 되어 있지 않은 상태에서 급하게 집을 구해야 했고, 주변에 도움을 받을 수 있는 사람도 없었습니다. 그래서 주택을 매수하면서도 별 다른 요소들을 고려하지 못했지만 굳이 부동산을 공부하지 않아도 누구나 떠올릴 수 있는 지하철 역세권을 중심으로, 회사에 출퇴근하기에 너무 멀지 않은 지역으로 한정했습니다.

그리고 주택담보대출을 포함한 총 자산에 대략적으로 맞추어 몇 개의 물건을 선별해 보았습니다. (당시 신용대출은 전혀 생각하지 못하고 알아보지 않았습니다.)

그런데 한 가지 변수가 있었습니다. 전세금 상승에 밀려 매수를 해서라도 거주할 주택을 구해야 하는 절박한 상황에서 예산은 빠듯했습니다. 그래도 공인중개수수료와 이사비용은 예산계획에 반영해 두었지만 취득세는 미처 생각하지 못했습니다. 그리고 취득세가 적지 않다는 것도 뒤늦게 알게 되었습니다.

다시 목록에서 취득세를 반영해보니 선별된 물건들 대부분 자본금이 조금씩 부족하고, 아슬아슬하게 매수할 수 있는 아파트는 단 하나뿐이었습니다. 달리 선택할 수 있는 대안도, 퇴거까지 남은 시간도 별로 없었기에 그렇게 단 하나로 좁혀진 첫 주택을 담보대출을 최대한 활용해 2억 6천만 원에 매수해 입주하게 되었습니다.

매매 잔금을 치르고 취등록세를 납부하고 공인중개사 및 법무사 수수료를 지급하고 이사비용까지 내고 나니 통장에 남은 잔액은 약 80만 원뿐이었습니다.

그런데, 막상 새로 이사를 들어가보니 당장 필요한 집기와 도구들이 꽤나 많았지만 가능한 구매를 미루고 돈을 아껴야만 했습니다. 이사비용을 충당하느라 다음 달 생활비로 지출해야 할 월급까지 모두 털어 넣었기 때문입니다. 진작부터 그렇게 경계해왔던 하우스푸어가 되었다는 생각에 또다시 우울해졌습니다.

2021년의 현 시점에서 당시의 부동산 경제 흐름을 복기해 보면 다음과 같습니다.

대외적인 환경으로는 2008년 미국 서브프라임모기지(리먼브라더스 사태)발 글로벌 금융위기로 인해 장기적으로 경기가 침체되어 있는 상황이었습니다. 더군다나 1998년 IMF사태와는 달리 발화점인 리먼브라더스 사태는 미국의 부동산경기 호황과 급등 시기에 금융권에서 소득이 안정적인 프라임(prime) 신용 등급뿐 아니라 소득과 신용이 낮은 서브프라임(sub-prime) 등급에게도 주택자금을 무리하게(LTV 100%였다고 합니다) 대출을 해준 것이 단초가 된 것으로 알려져 있었습니다. 이와 같이 주택담보대출을 이용해 집을 사면 파산한다는 교훈과 부동산에 대한 막연한 공포심이 팽배하던 시절이었습니다.

국내 환경으로는 2008년 2월 고 노무현 대통령의 임기가 만료되고 2008년 3월부터 이명박 대통령의 임기가 시작되었습니다. 10년간의 진보성향 정부에서 보수성향 정부로 바뀌면서, 그동안 강화되었던 부동산 규제를 완화하고 신규 공급을 확대함과 동시에 세제혜택을 부여하는 방향으로 선회하고 있었습니다.

이에 따라, 아래와 같은 부동산 정책이 발표되었습니다.

A) 강남 세곡, 내곡지구를 비롯한 보금자리 아파트(당시 기존 공급되던 민영아파트의 50% 수준에서 공급되어 이를 두고 언론에서는 반값아파트라 불렀습니다.) 100만호 공급

B) 부동산 투기지역 지정을 해제하고, 재건축 초과이익 환수제를 폐지해 재건축을 활성화하며, 길음, 아현 뉴타운 등 재개발 활성화

C) 양도소득세 중과 폐지 및 양도소득세율 인하, 일시적 1가구 2주택 보유기간 요건 완화, 종합부동산세 합산배제 및 세율 인하

이어서 2013년 3월부터 박근혜 대통령의 임기가 시작되면서도 부동산 규제 완화책은 지속되었습니다.

A) 뉴스테이(민간 기업형 임대주택으로 현 공공지원 민간임대주택의 전신) 공급 및 주택 재건축 허용 연한을 40년에서 30년으로 단축

B) 미분양 주택 및 신축 주택에 대한 양도소득세 면제(5년간 한시적 면제)

C) LTV(Loan To Value ratio), DTI(Debt To Income ratio) 대출규제 완화

이러한 국내외 경제 상황에서 한국 부동산 시장과 수요 및 공급의 흐름도 이에 따라 움직였습니다. 2007~2008년까지 폭등하던 부동산이 서브프라임모기지 사태발 글로벌 경기 침체로 인한 소비심리 위축과 함께 보금자리 아파트, 재개발 재건축 활성화 등 공급정책에 따른 대규모 물량이 출현했습니다. 이로 인해 지역에 따라 부동산 가격이 크고 작게 하락해 2010년 즈음에는 하우스푸어 사태가 언론에서 화제가 되었습니다.

집값이 지속적으로 하락하자 집을 사지 않고 추가 폭락에 대한 부담, 금융이자 부담으로 인해 집을 매도하고 전세로 거주하는 사람들이 늘어나기 시작했습니다. 주택 가격 하락은 지속되나 주택 전세가격은 점차적으로 상승했습니다.

즉, 오랫동안 전세가격과 매매가격과의 격차가 크게 벌어져 있었는데, 위 시기에 매매가격은 하락했으나 전세가격은 반대로 상승하면서 양자의 갭이 점차로 줄어들었습니다.

2014년부터는 양도소득세 한시적 면제 혜택을 활용해 미분양 주택이나 신축 주택에 대한 투자자 및 실수요자의 수요가 확대되기 시작했습니다. 그리고, LTV, DTI 대출규제 완화 정책으로 인해 무주택자가 주택을 매수할 때 비용 부담 측면에서 접근성이 더욱 용이해졌습니다. 이에 더하여, 전세 수요자의 지속적인 상승으로 인해 전세 매물이 부족해 전세가격이 급등했습니다.

마지막으로, 봄 이사철에는 재산세 및 종합부동산세 과세 기준일인 6월 1일 이전에 처분하고자 하는 급매물이 나오기 시작했습니다.

이렇게 2014년 9.1대책의 영향을 받아 2015년 봄 내 집 마련을 하게 되었습니다.

물론 지금 생각해보면,

A) 초역세권이지만 지상으로 운행되는 1호선 주변으로 소음과 매연에 취약하고,

B) 유흥 상업시설이 발달한 지역으로 장기적인 거주를 염두에 두면 교육이나 생활 여건이 좋지 않으며,

C) 생활 인프라가 잘 갖추어진 아파트 단지가 아니라 500세대 미만의 소형 주상복합단지라는 점에서,

2015년 첫 주택 매수는 100점짜리가 아닌 것은 분명합니다.

그러나 다른 측면에서 생각해보면,

A) 매매가가 하락하던 중 전세가격이 반등해 양자의 격차가 극히 줄어드는 시점에서 역세권 아파트를 매수했고,

B) LTV, DTI 대출규제 완화와 생애 첫주택 금리인하 혜택을 활용해 투입되는 자기 자본과 대출 이자를 최소화했으며,

C) 재산세 과세전 처분하는 급매물로 시세보다 조금은 저렴한 매매가로 취득했기에,

결과적으로 나쁘지 않은 선택이었다고 보여집니다.

첫 매수한 주택이 주변 다른 주택들에 비해 얼마나 많이 상승했는지 경제적 이익의 관점보다, 오히려 더욱 중요한 것은 첫 주택을 매수하고 실거주했기 때문에 비로소 부동산에 관심을 갖게 되고 투자에 눈을 뜨게 된 계기가 되었다는 사실입니다.

첫 집을 마련하면 걱정이 되어서라도 내 집 시세와 주변 시세가 상승했는지 보합하는지 확인해보게 되고, 많지 않은 금액이라도 꾸준히 상승하는 성공 체험을 해보면 투자에 좀더 관심을 갖게 됩니다.

무주택자에게 가장 좋은 부동산 투자 공부는, 투자자 스스로 감당할 수 있는 금액 범위 한도 내에서 주택을 매수하거나 주택 청약에 당첨되는 것입니다. 다만 첫 주택을 매수하면서

원하는 모든 것이 갖추어진 드림하우스만을 고집하지 마시기 바랍니다.

가족구성원이 늘어나면서 또는 자산이 늘어나거나 연봉인상 등으로 소득에 변화가 생기면 내 주변의 생활여건도 함께 달라지면서 나의 드림하우스도 계속 변하게 됩니다.

예를 들어, 싱글 직장인이나 신혼부부의 경우 직장과의 출퇴근이 쉽고 상권이 발달해 여가 문화생활을 즐기기 쉬운 도심 위치를 선호했다면, 가족 구성원이 늘어난 후에는 육아하기 좋은 환경을 찾게 되고, 이후로는 초중고등학교와 학원가 등 교육 여건이 좋은 학군지가 중요한 포인트로 작용할 수 있습니다. 그러므로 지금 현재 내가 감당할 수 있는 한도 내에서 매수 또는 청약이 당첨될 수 있는 최적조건의 주택이 바로 나의 드림하우스입니다.

첫 주택 마련부터 모든 조건이 갖추어진 완벽한 집을 찾으려고 너무 긴 시간을 낭비하지 말길 바랍니다. 내 집 마련을 하는 것은 마지막 목표가 아니라 새로운 시작을 위한 출발점입니다.

분양권 투자와 전세 레버리지 투자

2015년 첫 아파트를 매수할 때 당장 거주할 주택을 구해야만 하는 절박한 심정으로 집을 구했기에 동시에 주택청약에 대해서도 알아보고 있었습니다. 자금이 충분히 있었다면 아파트 매수라는 한 가지의 방법만을 선택해 이집 저집 둘러보며 여유롭게 구할 수 있었겠지만, 당시 저는 플랜A(다행히도 성공했지만)가 실패할 경우를 대비한 플랜B를 준비해야 한다고 생각했습니다. 그래서 청약도 병행하기 위해 모델하우스를 둘러보러 다녔습니다.

단기간에 기존 준신축 아파트, 구축 아파트들과 신규분양

모델하우스 현장을 돌아다녀보면서 알게 된 몇 가지 사항은 다음과 같습니다.

A) 주택공급에 관한 규칙이 개정되어 2015년 3월부터 시행되는데 전용면적 85m² 이하의 국민주택규모 민간분양 아파트의 경우 청약자격이 무주택세대주에서 1세대 1주택 세대주와 세대원으로 확대됨. 즉, 종전까지는 부부 중 세대주 한 명만 청약이 가능했지만, 세대주와 세대원인 부부가 각각 청약을 할 수 있게 됨.

B) 청약통장 가입 기간과 무주택 기간이 짧아 청약 가점에서 상대적으로 불리하더라도, 1순위 청약 중 가점제는 40%이고, 나머지 60%는 추첨제로 선정하게 되므로, 가점이 낮다고 포기할 필요는 없음.

C) 몇 억씩 하는 분양가(2015년 서울에서 전용면적 84m² 분양가는 지역에 따라 5~8억)를 들으면 너무 먼 얘기로 느껴질 수 있으나, 계약금 10%를 마련하면 중도금 60%는 집단대출을 활용할 수 있음. 시행사에서 중도금 대출에 대한 이자후불제 또는 무이자혜택을 제공하는 경우가 많음. 2015년에 분양받으면 잔금은 2018년경이므로 그때까지 자금을 마련하거나 또는 분양권을 매도하여 처분할 수 있음.

D) 분양가 상한제가 폐지되는데, 폐지되기 전 분양가 상한

제를 적용해 입주자모집공고가 된 분양 단지는 이후 분양가 상한제 규제 없이 자유롭게 분양가가 정해지는 단지에 비해 상대적으로 분양가가 저렴하게 공급되었음.

모델하우스에서 상담하시는 분들의 설명을 듣고 나니 어느 정도 자신감이 생겨 회사에서 출퇴근할 수 있는 거리에 있는 분양 아파트 단지 중 가장 마음에 드는 곳을 엄선해 청약을 하고 결과를 기대했지만 부부 모두 당첨되지는 않았습니다. 처음 해보는 청약이었기에 당첨되면 어떻게 해야 할지에 대해서 행복한 고민만 했지, 사실 탈락될 수 있다는 생각은 하지 않아서 상심이 무척 컸습니다.

새 아파트는 아직 내 것이 아닌가보다 생각하고 마음을 추스르고 있던 차에, 며칠 후 모델하우스에서 연락이 왔습니다. 계약포기 등 몇 건의 잔여분에 대해 내 집 마련 추첨을 한다는 것이었습니다. 별다른 기대 없이 모델하우스에서 번호표를 뽑고 기다렸는데, 정말 운이 좋게도 빠른 예비번호로 당첨이 되었습니다.

예비번호 1번부터 먼저 잔여건 동호수 중 선택해 계약할 수 있고, 예비번호 2번은 남은 호실 중에서 계약하고, 3번은 다시 남은 호실 중 계약하는 방식이었습니다. 다행히 저에게도 차례가 와서 20층 이상의 중층을 배정받아 계약하게 되었습니다.

절박한 심정으로 거주할 집을 알아보다 보니, 짧은 기간이었지만 기존 아파트 임장 현장과 모델하우스 현장에서 많은 것을 알게 되었습니다. 그리고, 아주 운이 좋게도 플랜A와 플랜B가 모두 성공해 당장 거주할 아파트를 마련하고 동시에 약 3년 6개월 후 입주할 수 있는 새 아파트 분양권도 취득했습니다.

특히, 저에게 아파트 분양은 입주 때까지 긴 시간을 기다려야 하지만 상대적으로 적은 투자금(계약금 10%)만으로 새 아파트를 받을 수 있다는 것이 마법처럼 느껴졌습니다.

이때부터 본격적으로 청약을 공부하기 시작했습니다. 2015년 하반기부터는 서울과 수도권에서 분양하는 거의 모든 모델하우스에 빠짐없이 방문했습니다. 모델하우스에 설치된 유닛을 둘러보는 것도 중요했지만 부스에서 상담을 받으며 얻게 된 정보들이 초보자인 저에게는 많은 도움이 되었습니다.

예를 들어,

A) 같은 단지에서도 어느 쪽이 좋은 뷰가 나오고 선호하는

동호수인지,

B) 경쟁률이 높을 것으로 예상되는 면적과 타입은 어떤 것인지,

C) 분양되는 물건의 주변 교통호재와 개발호재가 무엇인지,

D) 향후 주변에서 분양이 계획되는 단지가 어디이고 세대수가 얼마나 되며 예상 분양가가 얼마인지 등 다양한 정보들을 들을 수 있었습니다.

2016년까지도 1순위로 청약할 수 있는 단지에는 모두 청약을 했지만 당첨이 되지는 않았습니다. 그러나 이 시기에 아파트 분양에 대한 모든 것을 기초부터 하나씩 공부하여 나중에는 상담창구에서 설명을 듣지 않더라도 깨알같이 작은 글씨로 적혀 있는 입주자 모집공고에서 꼭 확인해야 할 핵심 정보(예를 들면, 1순위 청약자격 대상자격 조건, 가점제와 추첨제의 비율과 조건, 당해지역 거주자만 100% 우선 배정하는지 주변지역도 우선 배정비율이 있는지, 청약 후 당첨자 계약 및 중도금, 잔금 납부 일정, 청약 예치금액 조건, 입주자 선정 및 예비입주자 선정 방법, 유닛 타입별 전용면적과 분양가, 발코니 확장비 포함여부, 동호수배치 등)만을 빠르게 파악할 수 있게 되었습니다.

또 수많은 대형건설사에서 분양 성공을 위해 고심해 구성한 유닛들을 둘러보면서 새로 지어지는 아파트 유닛과 배치 구조나 인테리어 등의 트렌드도 자연스레 익히게 되었습니다.

그러던 중 2016년 11월 3일 실수요 중심의 시장형성을 통한 주택시장의 안정적 관리방안이라는 부동산 대책이 발표되었습니다. 부동산 투자에 입문한 이후로 처음 접하는 부동산 규제 정책이었기에 저는 매우 큰 충격을 받고 좌절했습니다.

당시 제가 주목했던 주요 내용은 다음과 같습니다.

A) 강남4구 및 과천시의 경우 소유권이전등기시까지 분양권 전매 제한, 그외의 서울 지역과 성남시는 분양 계약일로부터 1년 6개월간 분양권 전매제한

B) 세대주가 아닌 세대원의 경우 청약 1순위 자격이 제한되어 2순위 청약만 가능

C) 청약 재당첨 금지조항이 신설되어 청약 당첨자는 향후 5년간 다른 분양단지에 청약할 수 없고, 청약이 당첨되더라도 당첨 효력이 없고 무효가 됨

위 내용 중 A)에 대해서는 강남과 과천을 제외하고 청약하여 1년 6개월 이상 보유하면서 기다릴 수 있겠지만, B)로 인해

이제 실질적으로 세대주만 청약할 수 있어 당첨 확률이 1/2로 줄어들었습니다.

또한, C)로 인해 한 번 당첨되면 5년 동안은 더 이상 분양권 투자를 할 수 없게 되었으므로, 실질적으로 분양권 투자는 끝났다고 생각했습니다.

지금 생각해보면 대안으로 이미 분양된 아파트 중 저평가된 분양권에 대한 투자를 떠올릴 수도 있었겠지만, 당시 저는 분양권에 프리미엄을 주고 매수해 보유하는 방식은 생각하지 못하고 분양권 투자를 전부 포기했습니다.

분양권 투자를 포기하고 난 후에도 걱정은 계속 되었습니다. 아무리 계산을 해봐도 현재 자산 규모로는 2018년에 거주 중인 아파트를 팔고 담보대출을 상환하고 나면 새 아파트를 입주하기 위한 자금이 턱없이 부족했습니다. 입주할 새 아파트에서 최대한 담보대출을 많이 받는다면 가까스로 잔금은 치르겠지만 대출금을 상환할 것이 걱정되었습니다. 주택담보대출 상환기간을 아무리 길게 잡더라도 원리금 상환을 함께 하려면 매월 200만 원 정도를 납부해야 할 것 같은데, 회사에서 받는 급여로는 턱없이 부족해 생활을 유지할 수 없을 것으로 생각되었습니다.

어떻게든 해결할 수 있는 방법을 찾아야겠다는 생각에 분양권 이외의 다른 부동산 투자방법을 찾아 여러 책을 읽고 강의와 세미나를 들으러 다니던 중 전세 레버리지 투자를 중점적으로 하는 투자 클럽을 만나 상담을 한 후 멤버십 가입을 하게 됩니다.

전세 레버리지 투자는 담보대출을 활용하지 않기에 첫 투자금만 마련하면 그 이후로는 대출 원금이자 상환 부담으로 괴로워할 필요가 없는 점이 마음에 들었습니다. 그리고 수도권 역세권 소형 아파트를 타깃으로 하면 전세가와 매매가는 지속적으로 우상향할 것이기에 투자금 손실 우려도 적다고 생각되었습니다. 또한, 점차 보유 아파트의 개수가 늘어날수록 전세 재계약시 상승한 전세금을 활용해 재투자할 수 있다고 들었습니다.

규제로 인해 분양권 투자를 포기하고 탈출구를 찾고 있던 저에게는 새로운 마법처럼 느껴져 전세 레버리지 투자에 매료되었습니다.

투자금이 충분하지 않던 저는 서울 강북지역, 경기도 용인, 안양, 산본, 안산, 김포 등 수도권 서남권지역 아파트를 중심으로 평일 저녁과 주말을 가리지 않고 본격적으로 현장 임장을 다녔습니다.

투자 클럽에서 리더의 지역분석 요약 설명을 먼저 듣고 다시 현장지역 부동산 공인중개사님의 브리핑을 듣는 순서로 진행되었습니다. 그리고 차례대로 아파트 내부를 둘러보고 투자 여부를 결정하는 방식입니다.

아직 투자 초보였던 저는 그날 둘러본 부동산을 그 자리에서 입금하고 계약을 체결하는 것이 무척 어려워 망설이다가, 가장 좋은 물건들은 다른 사람들이 먼저 계약하고 난 후에야 뒤늦게 차순위 물건을 조금씩 매입하기 시작했습니다.

처음에는 전세 세입자가 살고 있는 아파트만을 위주로 전세를 승계하는 방법으로 투자하기 시작했고, 나중에는 집주인이 매도하는 아파트를 매수하면서 잔금시기까지 직접 전세 세입자를 구해 전세금을 합산하여 잔금을 납부하는 방법으로도 투자를 확대했습니다.

그러던 중 2017년 8월 8.2부동산대책이 발표되었습니다. 현 시점에서 다시 살펴본다면 8.2부동산대책은 재건축과 재개발에 대한 규제가 가장 핵심이었다고 보여집니다만, 당시 저는 제 투자에 영향을 미칠 수 있는 내용에만 주목했으며 그 내용은 다음과 같습니다.

A) 투기지역, 투기과열지역, 조정대상지역 확대

B) 조정대상지역에 대한 다주택자 양도소득세 중과(추가과세) 도입, 장기보유특별공제 배제

C) 조정대상지역의 분양권 전매시 보유기간 관계 없이 양도소득세 50% 적용

D) 조정대상지역의 1주택 비과세 요건에 거주요건 추가

규제에 대한 경험이 적고 여전히 초보 투자자였던 저는 당시 왜 내가 하는 투자만 이렇게 규제가 될까하고 심리적으로 힘들어했습니다. 분양권 투자가 막혀 어렵게 길을 찾아냈는데 하필 다주택자와 기존 분양권 매도시 세금을 크게 늘리다니. 마치 내가 투자하길 기다렸다가 내가 투자하고 나니 탈출구를 봉쇄하고 감금하는 것 같은 기분이 들었습니다.

당시 많은 투자자들이 8.2부동산대책을 기점으로 똘똘한 한 채 전략으로 방향을 잡고 전문가들도 이러한 전략을 추천했습니다. 발 빠른 투자자들은 정부에서 기한을 부여한 2018년 3월까지 기다리지 않고 소유하고 있던 B급 이하의 물건들을 매도하기 시작했습니다.

그러나, 저는 조금 다르게 판단했습니다.

A) 어렵게 투자금을 마련해서 이제 막 레버리지 투자를 시작했는데 아직 시세가 상승하기도 전에 2017년 중에 바로 처분해야 한다면 수익은커녕 취득세 등의 부대비용에 대해서도 손실이 날 수 있고,

B) 2018년 하반기 입주 예정인 분양권의 경우도 프리미엄이 붙었지만 2017년 이내 급히 처분하려 하니 이미 시장에는 급매로 내놓은 매도 물건들이 있어서 가격을 많이 낮추어 헐값에 처분하지 않는 한 거래가 쉽지 않으며,

C) 새 아파트에 입주하려 하니 주택담보대출 규제 강화로 인해 잔금을 치를 때 곤혹스러운 것은 여전하고,

D) 똘똘한 한 채라 불릴 만한 핵심지역에 아파트를 보유하고 있는 것도 아닌 상태에서, 보유 중인 물건 중 그나마 가장 나은 아파트 하나를 남기고 모두 처분하는 것이 과연 나에게 맞는 전략일까 의문이 들었습니다.

후발 주자였던 저는 고민 끝에 다주택자 포지션을 유지하고 일단 관망하기로 했습니다.

8.2부동산대책의 영향으로 부동산 시장은 똘똘한 한 채 전략의 투자자들이 던지는 매물에 비해 이를 받아줄 수요자가 상대적으로 적어 급매로 인한 가격 하락 추세가 보이기 시작

했습니다. 이에 따라, 2008년 금융위기 이후 10년 주기설이나 주글라 파동에 따라 대폭락이 시작된다는 예상들이 난무했습니다.

지역에 따라 다르지만 투자자들이 많이 진입했던 수도권 남부지역에서는 매매가 하락과 동시에 전세가가 하락하면서 전세계약 만기시 전세금을 낮추지 않으면 세입자를 구할 수 없는 역전세 사태가 벌어지기 시작했습니다.

여유 자금은커녕 이미 가용 자금을 모조리 끌어모아 투자에 쏟아부었는데 투자금은 회수도 못하고 전세가가 떨어지는 것을 보고 두려워졌습니다. 전세 레버리지 투자 클럽에서는 부동산의 상승기에 대해서만 강의를 듣고 공부했을 뿐, 이와 같이 갑작스레 부동산 시장이 얼어붙고 매물이 투하될 때에 대해서는 들어본 적도 없고 어떻게 대처해야 할지 아무도 알려주지 않았습니다. 곧 다가올 전세만기에 세입자가 나간다고 하는데 새로운 세입자를 구하지 못하면 어떻게 해야 할지, 또 새로운 세입자를 구한다 해도 전세 시세가 낮아져 전세금을 일부 돌려줘야 하는데 갑자기 어디서 돈을 마련해야 할지 머릿속이 매우 복잡했습니다.

2021년의 현 시점에서 2015년부터 2017년까지의 상황을 다시 복기해보면 다음과 같습니다.

대외적인 환경으로는 중국의 고속성장 둔화가 심화되고, 미국의 제조업 해외 이탈에 따른 실업자 증가로 경기회복이 더딘 상태였습니다. 거기에 2016년 미국 대선에서 힐러리의 당선을 예상했지만 여론조사를 뒤엎고 트럼프가 당선되어 미국 우선주의(America First)를 표방하기 시작했습니다. 영국에서도 예상과 달리 국민투표를 통해 EU에서 최종 탈퇴하는 브렉시트가 결정되는 등 불확실성이 커지는 환경에서 각 국의 보호무역주의와 탈세계화 경향이 강화되고 있었습니다.

국내에서도 해외 수출이 큰 비중을 차지하는 한국 경제의 특성상 기업들이 큰 타격을 입었고, 이는 고용축소로 이어졌습니다. 또 2016년 최순실 게이트를 시작으로, 2017년 3월 박근혜 대통령이 탄핵되고 이어 문재인 대통령이 당선되어 진보 정권이 집권하며 부동산 규제가 본격적으로 시작되었습니다.

2014년 이후 부동산 시장이 침체를 벗어나 점차 상승 국면으로 전환하고 있던 시점에서, 2017년 8.2부동산대책은 문재인 대통령의 집권 후 첫 번째의 규제책이자 본격적인 부동산 규제 정책의 시작으로 볼 수 있습니다.

개인적인 견해로는 8.2부동산대책 이전까지 부동산은 실거주하면서 투자도 겸할 수 있는 투자 상품이었다고 한다면, 8.2부동산대책을 계기로 주택 실거주에 무게를 두는 수요자(똘똘한 1채)와 실거주보다 투자에 비중을 두는 투자자(다주택자)의 길로 양자가 분리된 것으로 생각됩니다.

각자의 상황에 따라 다른 포지션을 취할 수 있겠으나, 여유자금이 준비되지 않은 상황에서 별다른 계획 없이 정부의 정책에 맞서 다주택자로 버티겠다고 한 저의 선택은 지금 생각해보면 조금 무모하기도 했습니다. 왜냐하면 힘든 시기를 버텨낸 다주택자들도 있었지만 더욱 어려운 상황을 견디지 못하고 파산하거나 투자를 포기한 경우들도 많이 있었습니다.

제가 가입했던 전세 레버리지 투자 클럽도 와해되고 투자자들은 소규모로 흩어져 각자 도생의 길을 찾아 떠났습니다. 저에게도 역전세난의 어려운 시기가 있었지만 부동산 투자 외에도 회사에서 받는 근로소득과 아내의 사업소득이 있었기에 힘겹게 버티고 견뎌내었습니다.

일단 급한 역전세를 해결하고 나니 조금 마음의 여유가 생겨 천천히 생각해 보았습니다.

저는 이미 8.2부동산대책 발표시에 1채 전략이 아니라 다주택자 전략으로 마음을 먹었고, 호재가 사라지는 것이 아니라 규제로 인한 공포에 따른 하락은 일시적이라 생각했습니다. 특히, 시장에 매물은 넘치는데 매수인은 찾기 어려워 역발상으로 투자하기에는 너무 쉽고 편하다고 생각했습니다.

이 기간에 저는 쏟아지는 수많은 매물 중 마음에 드는 건을 골라잡을 수 있고, 매도인과 가격이나 기간 등 협상에서 우위를 점할 수 있었습니다. 또 매수인이 귀한 시기였으므로 부동산 공인중개사님들도 적극적으로 도와주셨습니다. 덕분에 2018년 초에는 수도권 남부 일부 지역에서 전세계약 기간이 아직 충분히 남아 있으나 투자자들이 싸게 던지는 급매물을 받아 매우 적은 투자금으로 아파트를 추가 매수하기도 했습니다.

현 시점에서 살펴보면 아파트 청약에 당첨된 경우를 제외하면 급매물이 많던 저 시기에 제가 매수한 아파트들의 투자금 대비 수익률이 가장 뛰어납니다. 일단 초기 투자금이 매우 적게 들었을 뿐더러, 거의 최저가에 매수했기 때문에 8.2부동산대책 이전에 모두가 투자할 때 함께했던 부동산들보다 짧은 기간에 높은 수익을 기록할 수 있었습니다.

또 전세 레버리지를 활용하여 보유 아파트 개수를 늘려놓았기에, 이후 부동산 경기가 회복됨에 따라 전세재계약시 상승한 전세금을 활용해 다른 아파트에 재투자할 수 있는 자금이 보다 빠르게 충당되었습니다.

어떤 정책이나 규제가 발표되었을 때 이를 빠르고 정확하게 이해하기 위해 다양한 강의나 유튜브, 책을 참고하는 것은 도움이 됩니다. 그러나 내용을 모두 이해한 뒤 분석 정리된 정책과 규제에 따라 현 시점에서 내가 어떻게 움직이고 대응해야 할 것인가에 대해서는 스스로 판단하여 결정해야 합니다.

다른 유명한 투자자가 어떻게 움직이고 대응한다고 해도, 그 대응책은 그 사람에게는 가장 적합한 대응일지 모르지만, 상황이 많이 다른 나에게는 매우 후회할 선택이 될지 모릅니다.

각자 보유하고 있는 부동산과 자금 운용계획이 모두 서로 다른 만큼, 분석된 정책에 대한 대응 방안 만큼은 각자 본인의 상황을 종합하여 각자에게 스스로 가장 멋진 꽃길을 선택하길 바랍니다. 선택의 순간에서 스스로의 길을 찾아 현명하게 대처하는 것, 그것이 우리가 끊임없이 공부해야만 하는 이유입니다.

주택임대 사업자등록

2017년 8.2부동산대책을 겪으며 선택의 기로에서 다주택자 포지션을 유지했으나, 마음 한구석에 불안감을 떨치기는 어려웠습니다. '똘똘한 1주택 전략으로 갔어야 했나'라는 선택에 대한 후회나 불안감이 있던 것은 아니나, 다주택자를 부동산 폭등의 주요인으로 생각하고 부동산 적폐로 보아 규제 정책을 펴는 정책의 방향성을 고려할 때 앞으로 어떤 규제와 정책이 쏟아져 나올지 몰라 불안했기 때문이었습니다.

보유 주택을 늘리기도 유지하기도, 매도하기에도 모두 어려운 고민을 하던 중 2017년 12월 관계부처 합동으로 임대주택등록 활성화 방안이 발표되었습니다. 주택임대사업자 제도는 원래 이전(박근혜 대통령)부터 있던 제도이고 주택임대사업자로 5년 이상 유지하는 것을 조건으로 종합부동산세 합산배제 혜택을 부여하던 제도였는데, 다음과 같이 크게 개편되었습니다.

2017년 12월 발표된 임대주택등록 활성화 방안에 따라 주택임대사업자등록을 하고 일정 요건에 따른 의무사항을 준수하며 보유할시 아래와 같은 혜택을 부여합니다.

A) 양도소득세 중과(추가과세) 배제로 규제지역일지라도 일반세율을 적용하여 양도소득세 산정

B) 종합부동산세 산출시 일정 요건을 충족하면 합산 배제

C) 양도소득세 산정 시 다주택자일지라도 주택임대사업자를 등록한 주택에 대해서는 임대기간에 따라 8년 이상 임대시 50%, 10년 이상 임대시 70% 장기보유특별공제 혜택 부여

D) 일정 요건 충족시 주택임대사업자를 등록한 주택은 양도소득세 100% 세액 감면

(단, 이 경우에도 감면세액의 20%에 해당하는 농어촌특별세가 부과됨)

E) 양도소득세 산정 시 거주주택 비과세 특례 적용

F) 양도소득세 산정 시 1세대 1주택 비과세 특례 적용

G) 일정 요건 충족시 주택임대소득에 대한 종합소득세 세

액 감면

H) 일정 요건 하에 임대사업자 등록주택 취득 시 취득세 감면 및 재산세 감면

많은 투자자들이 임대주택등록을 할지 여부를 고민하던 시기에, 제가 당시 참여하여 공부하고 있던 전세 레버리지 투자 클럽에서는 주택임대사업자등록을 하지 말고 매도하고 다른 물건에 투자하는 방법을 권장했습니다. 이유는 의무 임대기간(장기의 경우 8년 이상) 동안 매도하지 못하고 보유해야만 하는 부담이 크다는 것이었습니다.

제가 보유한 부동산을 꼼꼼히 고려하여 생각해보더라도 당시 저는 아직 부동산 투자의 초기 단계로 반복적으로 단기 매매를 통해 수익을 실현하고 재투자하여 투자금을 확대해야 했던 상황이었습니다. 꽤나 매력적인 혜택이 있다 해도 8년 이상 장기 보유하는 것은 더 이상 새로운 투자금을 만들어내기 어려웠던 저에게는 적합하지 않다고 판단되었습니다. 그래서 저는 주택임대사업자를 등록하지 않았습니다.

그러나, 수많은 투자자들이 혜택을 누리기 위해 임대주택으로 등록하고 있었습니다. 특히 단기(4년) 임대사업자등록의 경우에는 2018년 3월까지만 한시적으로 혜택을 유지하고,

2018년 4월 이후에는 단기(4년) 주택임대사업자를 등록하더라도 양도소득세 중과 배제와 종합부동산세 합산배제를 받을 수 없도록 했습니다. 이후에는, 실질적으로 장기(8년) 주택임대사업자 제도만 남게 되어, 단기 임대사업자등록을 희망하는 사람들이 서둘러 등록을 했습니다.

2018년 상반기 국토교통부 발표 자료에 따르면 2017년 12월 임대주택등록 활성화 방안 발표 후 임대등록 증가율을 모니터링 해보니 지속적으로 임대등록이 급격하게 증가하고 있었다고 합니다. 현재에도 주택임대사업자의 수가 급격히 늘어나고 있는데, 특히 미래가치가 높아 지속적으로 상승이 예상되고 양도차익이 클 것으로 보여지는 핵심 지역일수록 주택임대사업자등록이 증가하는 경향이 있었습니다.

이를 두고 일각에서는 주택매매 거래량이 감소하고 있으니 주택 가격이 안정화되고 있다고 보기도 했습니다. 그러나 다른 시각에서는 주택임대사업자 의무임대기간인 4년에서 8년 동안은 해당 주택을 매매할 수 없기 때문에, 이로 인해 오히려 기존주택의 공급부족 문제가 발생해 장기적으로 주택가격 폭등을 유발한다는 우려의 목소리도 있었습니다.

2017년 12월 이후 주택임대사업자 등록자수가 지속적으로 증가하고, 2018년 상반기에 잠시 주춤했던 주택 거래량이 다시 증가하면서 매매가격이 상승하자, 2018년 9월 9.13대책이 발표되었습니다.

9.13대책의 주요 내용은 아래와 같습니다.

A) 조정대상지역의 다주택자에게 종합부동산세 강화

B) 조정대상지역의 다주택자에게 주택담보대출 제한(매매금액별 달리 제한)

C) 9.13 이후 신규 취득하는 주택에 대해서는 장기 임대사업자등록(8년)을 하더라도 양도소득세 중과 배제와 종합부동산세 합산 배제가 적용되지 않음

단기 임대사업자등록(4년)의 경우 2018년 4월부터 양도소득세 중과 배제와 종합부동산세 합산 배제가 되지 않을 것임을 2017년 12월 임대주택활성화 방안에서 약 3~4개월 전에 미리 예고했고, 이에 따라 중단되었기 때문에 놀라울 것이 없고 등록을 희망하는 사람들은 발 빠르게 단기 등록해서 대비할 시간이 있었습니다.

반면, 9.13대책에서는 갑자기 어떤 예고도 없이 오늘 이후로 신규 취득하는 모든 주택에 대해서는 장기 임대사업자등

록 혜택을 폐지하겠다고 선언해, 이를 준비하고 대비할 시간이 없었습니다. 뿐만 아니라 2017년 12월에 활성화 방안을 내놓은 지 불과 9개월 만에 태도가 돌변해 혜택을 없애겠다고 하니 시장의 혼란은 더욱 가중되었습니다.

이때 저는 다음과 같은 점들을 고려하여 판단했습니다.

A) 2017년 12월 활성화 방안 이후로 주택임대사업자 혜택이 점진적으로 사라지거나 축소되고 있고,

B) 그럼에도 주택임대사업자의 수는 지속적으로 급격히 증가하고 있는데, 정부에서 이를 바라보는 시각이 처음에는 활성화 방안의 성공에 안도하는 시각에서 임대주택이 증가하는 것에 대한 우려의 시각으로 급격히 변하고 있으며,

C) 9.13대책에 따르면 조정대상지역에서는 다주택자에게 종합부동산세가 강화될 예정이므로 앞으로 다주택자가 주택을 보유할 때 세금 부담으로 작용할 수 있고,

D) 보유 중인 아파트의 매매가격이 지속적으로 상승하고 있어 조정대상지역 내에서는 다주택자의 양도소득세 중과에 따른 세금 부담이 역시 커지고 있음

그 결과, 주택임대사업자등록의 혜택이 모두 사라지기 전

에 지금이라도 재빨리 등록해야겠다고 결론을 내렸습니다. 특히, 향후 종합부동산세와 양도소득세의 부담이 클 것으로 예상되는 서울지역 아파트에 대해서만 장기(8년) 주택임대사업자등록을 했습니다.

만약 서울과 수도권에 보유 중인 모든 주택을 주택임대사업자등록을 한다면 향후 8년 동안은 다시 처음부터 목돈을 모으지 않는 이상 당분간 부동산 투자를 할 수 없을 것이라 생각되었기 때문입니다.

뿐만 아니라, 보유 중인 부동산의 재산세나 수선비 등 유지관리하기 위한 비용도 별도로 준비해야 해서 현금흐름(Cash flow)에 부담이 된다고 생각했습니다.

따라서, 서울지역의 아파트에 대해서만 주택임대사업자등록을 해두고, 양도차익과 공시가격이 모두 낮아 상대적으로 부담이 적은 수도권 아파트의 경우 등록하지 않은 채로 유지해, 비조정대상지역에 위치한 아파트부터 적정 수익이 발생하면 팔아야겠다고 생각했습니다. 이후 시간이 흘러 2019년에는 12.16부동산대책이 있었으나 주택임대사업자등록과는 큰 관련이 없어 여기에서는 언급하지 않기로 합니다.

서울에만 주택임대사업자등록을 유지하고 시간이 흘러

2020년 2.20부동산대책부터는 점차 규제지역을 확대하기 시작했으며, 2.20부동산대책으로 안양과 의왕지역이 조정대상지역으로 추가되었습니다.

당시 저는 2015년 첫 내 집 마련으로 매수했던 안양 소재 주택을 임대하고 있었으며, 임대기간이 만료될 때 즈음 팔아 처분할 계획이었습니다. 그런데, 갑자기 안양이 조정대상지역에 편입됨에 따라 갑자기 양도소득세 중과가 적용되게 되었고, 지금 서둘러 처분해도 아무런 소용이 없었습니다.

대략적으로 처분 시 매매가격을 예상해 양도소득세를 시뮬레이션해 보니 세입자에게 보증금을 돌려주고 다시 조정대상지역으로 인해 중과된 다주택자 양도소득세를 납부하고 나면 남는 돈이 거의 없다는 것을 알게 되었습니다. 또 지속적인 규제 강화 정책의 방향으로 보아 조정대상지역이 금방 해제될 가능성도 낮아 보였습니다. 이에 매도를 포기하고 안양 소재 주택도 주택임대사업자로 추가 등록했습니다. (2018년 9.13대책 이전에 취득한 주택으로 임대사업자등록시 주요 혜택은 여전히 적용되었습니다.)

이후 얼마 지나지 않아 2020년 7.10부동산대책으로 주택임대사업자 제도가 전면 개편되었습니다. 단기(4년) 임대와 아파트에 대한 장기(8년) 임대사업자등록 제도가 폐지되고, 빌라 등 다세대주택과 오피스텔 등에 한해 10년 이상 임대기간을 유지해야 하는 제도로 변경되었습니다. 다만, 새로운 제도의 시행일이 7월 11일부터로 대책 발표일인 7월 10일 당일 오후까지는 종래 제도에 따라 주택임대사업자등록이 유효했습니다.

당시 저는 김포, 안산 등 수도권에 보유 중인 아파트들에 대해 주택임대사업자 추가등록을 고민했습니다.

먼저 A) 2018년 9월 13일 이후에 취득하여 등록하더라도 양도세와 종부세의 주요 혜택을 받을 수 없는 아파트는 제외하고,

B) 매수시 상대적으로 비싸게 매수하여 양도차익이 별로 크지 않을 것으로 생각되는 아파트를 제외했습니다.

그리고 A)나 B)에 해당되지 않는 안산에 소재한 아파트 1채를 추가로 장기 주택임대사업자로 등록했습니다.

7월 10일 이내에 등록을 완료해야 하는데 구청과 세무서에는 너무 많은 사람들이 몰릴 것으로 예상하고 렌트홈(민간임대주택에 관한 특별법에 따른 온라인 임대등록시스템) 사이트를 이용하여 온라인으로 마지막 등록을 마쳤습니다.

2021년의 현 시점에서 2017년 12월 주택임대등록 활성화 방안 이후의 상황을 다시 복기해보면 다음과 같습니다.

대외적인 환경으로는 2018년부터 미국과 유럽의 경제 성장률이 높아지고 실업률이 낮아지면서 세계적으로 경기가 회복되고 성장으로 확장되고 있었습니다. 다만, 2018년 미국 연방준비제도(FED, The Federal Reserve System)의 3차례 금리 인상에 따른 시장 긴축 우려의 시각도 있었습니다. 2019년에는 금리 인상의 속도가 조절되어 긴축경제로 접어들지 않았으며, 2020년에는 코로나19의 영향권에서 금리는 동결되고 본격적인 재정 확대가 시작되었습니다.

국내에서도 2018년과 2019년 경기회복 국면에서 2020년 코로나19 영향권에 놓인 것은 마찬가지였습니다. 그러나 부동산에 대해서는 2018년 9.13대책 이후로 점차 대책과 규제가 빈번해지고 그 대책 발표의 시간적 간격과 속도 또한 빨라져 예고도 없이 어느 날 갑자기 부동산 대책이 발표되는 경우가 잦아지고 있었습니다. 이에 따른 부작용으로 대책 또는 규제책에 대한 내성이 생기기 시작해 투자자들로부터 규제책에 대한 신뢰를 잃어가기 시작했습니다.

현 시점에서 제가 규제에 대응한 내용을 복기해보면,

2017년 12월 임대주택등록 활성화 방안으로 정부에서 다주택자를 상대로 당근을 제시할 때 저는 다주택자를 적폐로 보고 규제를 가하던 정부에서 갑자기 혜택을 주겠다는 것을 신뢰하지 않았습니다. 뿐만 아니라 당시 제가 보유 중인 부동산들에는 서울 핵심지역 아파트는 없었으므로, 이후 매매에 따라 더 좋은 상급지로 점프업해야 하는 상황에서 8년 이상 묵혀두어야 하는 임대사업자등록은 부적절하다고 생각했습니다. 이미 오래전부터 투자해서 핵심 지역에 기반을 닦아두었고 포트폴리오를 장기 유지하려던 투자자들에게는 기회이지만, 제 경우는 그렇지 않다고 생각했습니다.

그러나, 당시보다 규제와 세금이 점차 강화된 2021년의 현 시점에서 돌이켜보면, 주택임대사업자로 등록하지 않아 의무임대기간이 없더라도 어차피 양도소득세 중과 부담과 계약갱신청구권의 영향, 다주택자 취득세 중과에 따른 투자수요자 감소로 인해 매도하기 쉽지 않은 상황이 되었습니다.

또한, 계속 보유하기 위해서는 종합부동산세를 고려해야 하므로, 2017년 12월 주택임대사업자 활성화 방안에 따라 모든 주택을 즉시 등록하는 것이 최선이었다고 생각됩니다. 다행히도 제가 보유 중인 아파트 중 서울 지역부터 임대사업자

등록을 하기 시작해, 2.20대책에서 규제지역이 확대되는 것으로 보고 더 이상 피할 수 없음을 직감하고 추가 등록했습니다. 그리고, 7.10대책에서 주택임대사업자등록 제도가 실질적으로 폐지될 때 마지막까지 선별하여 추가로 주택임대사업자등록을 한 것은 좋은 선택이었다고 생각됩니다.

물론 아쉬운 점도 있습니다.

7월 10일 마지막 임대사업자등록 기회가 있을 때, 2018년 이전에 취득하여 등록하면 종합부동산 합산배제와 양도소득세 중과배제 혜택을 받을 수 있는 아파트임에도, 그 당시 판단으로는 양도 차익 금액이 크지 않다고 생각해 등록하지 않았습니다.

그 이후 2~3년의 시간이 흐른 지금 살펴보면, 양도차익이 늘어나 양도소득세에 대한 부담이 커졌지만 종합부동산세 부담으로 인해 어쩔 수 없이 매도했습니다. 당연히 차익의 대부분을 양도소득세로 납부해야만 했고 세금을 제외한 수익은 극히 적었습니다.

조금 더 길게 멀리 내다보고 몇 년 후의 주택가격 상승을 생각하여 함께 주택임대사업자로 등록해두었다면 더욱 좋았을 것이라 생각합니다.

2021년 현재 남아 있는 주택임대사업자등록 제도는 과거 2017년 활성화 방안에서 나온 제도와 이름은 같지만 실질적인 내용과 혜택은 상당 부분 다릅니다. 개인적인 견해를 밝히면 저는 2020년 7.10부동산대책 발표 이후 현재 등록이 가능한 빌라 등 다세대주택과 오피스텔 등에 10년 임대사업자등록을 하는 것은 권장하지 않습니다.

조정대상 지역이라면 주택임대사업자등록의 주요 혜택이었던 종합부동산세 합산 배제와 양도소득세 중과 배제가 적용되지 않는 현 시점에서, 취득세 등 일부 혜택이 남아 있더라도 이를 위해 임대의무기간 10년 이상을 지켜야 하는 등록을 꼭 해야 할지 의문이 들기 때문입니다. 이와 달리, 비조정대상 지역에서는 종합부동산세 합산 배제와 양도소득세 중과 배제가 적용되므로 경우에 따라서는 지금도 주택임대사업자 등록이 필요한 경우가 있을 수 있습니다.

따라서, 각자의 계획에 따라 장기간 팔지 않고 보유하며 유지할 다세대주택 건물 등에 대해서는 의무와 혜택을 잘 따져 등록 여부를 판단해야 할 것입니다.

과거에는 어떤 정책과 규제를 발표하기 전 시장의 반응과 파급 효과를 충분히 논의하고 예상하여 신중하게 검토한 후 문제점을 수정 보완한 최종 결과물로 정책을 발표했지만, 최근에는 많이 달라졌습니다. 정부 정책에서도 4차 산업혁명 시대를 맞이해 아이디어가 있으면 큰 고민 없이 즉시 린 스타트업(Lean start-up)으로 정책을 발표하고, 이후 시장의 반응을 살펴서 다음 대책과 규제책을 발표하는 애자일(Agile) 방식으로 변화하고 있는 것으로 생각됩니다.

다만, 이미 시행 중인 정책이 잘못된 방향이라는 비판이 있을 때에도 정책을 고집하며 강도를 더욱 높인 매운맛 규제를 발표하지 말고, 새로운 관점에서 다른 방향으로 정책을 펼치는 유연함을 겸비하면 더 좋을 것 같습니다.

이에 대응하는 우리의 자세도 대응 속도가 중요해졌습니다. 발표된 규제 정책을 실행해야 하는 실무 부서나 관청에서도 사례별 어떻게 적용되는지를 몰라 혼란이 있는 상황일지라도, 발표된 정책이 구체적인 케이스에 따라 모든 의문이 해소되고 깨끗하게 정리되기를 기다리기에는 곧 닥쳐올 다음 규제책이 너무 빠르게 다가옵니다.

규제 정책이 발표되고 이에 따라 내가 어떻게 해야 할지 공부하고 전문가에게 상담해서 대응책을 논의해 대응하기보다는, 평소에 미리 충분히 공부해두고 규제 정책이 나왔을 때 바로 해석하고 대응안을 결정하여 실행해야 합니다.

변화하는 시장 환경과 정책을 지속적으로 살펴 기민하게 전략을 수정하고 피보팅(Pivoting, 외부환경에 따른 사업 아이템 및 방향전환)하는 대응이 절실한 때입니다.

규제 발표 후 먼저 선점하여 저점매수

최근의 부동산 규제 정책 중에서 실거래 시장에 가장 영향력 있던 대책을 선별해보면, 2017년 8.2부동산대책, 2018년 9.13부동산대책, 2020년 7.10부동산대책을 손꼽아볼 수 있습니다. 각각의 부동산 대책 발표 직후 부동산 매매가격은 보합 내지 약하락세를 보였으나, 일정 기간이 경과한 뒤에는 다시 강력한 재상승으로 이어졌습니다.

부동산 대책 발표 이후 다시 매매가격이 재상승할 때까지의 기간 동안에는 부동산 시장의 하락 전환에 대한 공포, 고점 매수로 인한 손실 우려로 매수 심리가 위축되어 일단 시장의 움직임과 반응을 살펴본 후 결정하려 합니다.

결국, 발표된 부동산 대책을 분석하고 내용을 파악한 후 시장의 반응을 살펴 내가 어떻게 움직일 것인가를 결정하기까지의 일련의 과정은 대부분 동일하지만 그 반응속도에는 사람마다 큰 편차가 발생합니다.

이를 좀 더 상세히 풀어보면, 부동산 대책이 발표되자마자 내용을 분석하여 핵심을 빠르게 요약하고 이에 따른 시장의 영향력과 방향을 미리 예상해본 후 데이터를 활용해 시장의 초기 반응을 빠르게 파악하고 가장 먼저 급매물을 확보한 투자자, 대책이 발표되어 이에 대한 분석과 향후 예상방향에 대한 여러 전문가들의 자료와 강의를 모두 들어보고 신중하게 판단하여 매수 결정을 내리는 투자자가 있습니다.

여기까지는 투자 성향의 차이이므로 빠르게 움직이든 조금 더 신중하게 움직이든 모두 좋습니다. 대책을 분석하고 이에 따라 내가 어떻게 움직여야 할지 결정하여 실행한 것이니까요.

그러나 대책에 대해 분석하고 공부하지 않거나, 또는 대책을 상세히 파악했지만 내가 어떻게 움직여야 할지 결정하지 못해 망설이는 투자자는 머지않아 다시 강력한 재상승이 시작된 이후에야 후회하게 되는 경우가 있습니다.

2017년 8.2부동산대책은 다주택자에 대한 본격적인 규제와 함께 분양권 거래 시장에 대한 규제라는 점에서 시장에서 받아들이는 충격이 적지 않았습니다. 앞서 말한 것처럼 많은 분들이 다주택자를 포기하고 똘똘한 1채 전략으로 돌아서던 계기가 되기도 했습니다.

그러나 똘똘한 1채라는 개념은 상대적인 개념으로 누구에게나 다를 수 있습니다. 내가 가지고 있는 주택 중 가장 좋은 주택이 똘똘한 1채라고 생각하고 나머지는 처분하겠다고 생각한 A그룹이 있다고 한다면, 다주택자이지만 아직은 내가 정말 원하는 상급지에는 도달하지 못했으므로 지금이라도 새로 똘똘한 1채를 만들어야겠다고 생각한 B그룹이 존재합니다.

A그룹은 8.2부동산대책 이후 양도소득세 중과가 되기 전에 급매로 처분하여 똘똘한 1채 전략을 성공적으로 달성했을지 모릅니다. 또 조금 늦게 처분해 양도소득세를 조금 더 내더라도 똘똘한 1채에 안착했을 수도 있습니다.

이에 반해 B그룹은 금융 자산으로 이미 충분히 투자금을 확보해놓고 기회를 엿보던 경우가 아니었다면, 원하는 상급지의 똘똘한 1채로 업그레이드하기 위해서는 기존에 보유하던 다주택들을 모두 처분해 자금을 확보한 이후에나 원하는 상급지의 똘똘한 1채를 매수할 수 있게 됩니다.

그런데 안타깝게도 대책 발표 이후 약보합의 시간은 충분히 길지 않고 행운이 함께하면서 매우 기민하게 움직이지 않는다면, 기존 다주택은 모두 처분했지만 원하는 상급지의 똘똘한 1채는 이미 너무 올라버리고 이에 더해 대출규제까지 가해져 더 이상 내가 살 수 없는 매매가격이 되어 버립니다.

조금 더 극단적인 경우에는 다시 눈을 낮추어 내가 원래 보유하고 있던 다주택 중 가장 똘똘했던 1채를 매수하려 해도 그것마저 내가 팔고 난 이후 급상승해버려 이제 와서 다시 매수할 수도 없게 되는 경우도 있습니다.

똘똘한 1채가 잘못된 선택이고 다주택자를 유지하는 것이 정답이고 무조건 옳다는 의미가 아닙니다. 다주택자를 유지한 사람들은 증가하는 보유세(재산세, 임대에 따른 종합소득세, 종합부동산세) 상승 압박을 견디며 납부해야 하며, 규제지역의 확대와 양도소득세 중과 확대에 따라 이제는 처분하더라도 양도세가 70%가 넘는 경우도 많아 또 다른 고민에 빠져 있습니다.

이러한 어려움을 모두 각오하고 규제와 대책을 분석하며 기민하게 대응하는 투자자만이 생존할 수 있는 환경이 되고 있습니다. 똘똘한 1채를 선택했더라도 철저히 분석해 민첩하게 움직여서 소기의 목적을 달성한 투자자는 세금 부담도 덜고 핵심지역의 급상승 효과를 누리며 성공적인 투자 결과를 얻을 수 있었습니다.

이후에서는 제가 각 부동산 대책 시기별로 매수 타이밍을 포착한 사례를 말씀드리겠습니다.

1) 2017년 8.2부동산대책 이후 시기

먼저 2017년 8.2대책 이후 지역에 따라 시기에 편차가 있으나 2017년 하반기부터 2018년 상반기까지(특히 3월 이전까지) 투자자들의 움직임이 있었습니다.

저는 앞서 말씀드린 대로 다주택 포지션을 유지하기로 하고 똘똘한 1채 전략을 선택한 투자자들이 내놓는 급매물을 저점에 매수하려 노력했습니다. 아직은 경험치가 낮아 급매물을 확보하는 것이 쉽지 않았으나 이 시기에 서울 강북구와 경기도 안산 지역의 아파트를 추가 매수했습니다.

복기해보면 8.2부동산대책은 생각보다 시장에 주는 충격이 매우 크지 않아 어느 정도의 숨고르기를 하고 난 후 다시 매매가격 상승으로 진입한 것으로 보여집니다. 특히, 2017년

12월 임대주택등록 활성화 방안으로 인해 다주택자는 처분 또는 임대주택등록을 할 수 있었습니다.

규제의 관점에서만 본다면 2017년 12월 임대주택등록 활성화 방안은 다주택자의 선택의 폭을 확대해주었다는 점에서, 8.2부동산대책의 효과를 반감시켰다고 생각합니다.

2) 2018년 9.13부동산대책 이후 시기

8.2부동산대책이 다주택자의 양도세를 중과하여 출구를 봉쇄했다면, 9.13부동산대책은 다주택자에게 종합부동산세를 강화하여 보유 부담을 주었습니다. 또 이와 동시에 다주택자의 주택담보대출을 규제하여 신규 취득을 어렵게 했습니다. 동시에 앞서 선택지로 추가되었던 임대주택등록의 혜택도 종료시켰습니다.

9.13대책은 시장에 주는 충격과 여파가 커서 2018년 하반기부터 2019년 상반기까지 서울과 수도권 지역의 매매가의 약보합 내지 하락 추세를 보였습니다. 이때 저는 다시 한번 저점매수의 기회로 보고 이 시기에 경기도 김포와 안산 지역의 아파트를 매수했습니다.

복기해보면 정말 시장에 다주택자의 매물을 출현시켜 공급을 늘리기 위해서였다면 규제의 순서가 바뀌었어야 합니다.

다주택자의 취득과 보유에 부담을 주는 9.13대책을 먼저 발표하여 다주택자가 이에 대한 부담으로 처분하도록 유도하고, 그 이후 다주택자의 양도세를 중과하겠다는 8.2대책을 발표하여 다주택자가 처분할 수 있는 최종 시한을 두고 공급을 유도하는 방안이 더 효과적이었을 것으로 생각됩니다.

그런데 이번 정책은 반대로 먼저 다주택자의 출구를 봉쇄하여 가두어 놓고 종합부동산세를 중과해, 우리에 감금시켜 놓은 채로 출혈만을 가중시켰습니다. 이미 먼저 출구가 봉쇄된 다주택자들은 이제 와서 탈출할 수도 없어 배수진을 치고 버틸 수박에 없습니다.

버티며 계속 보유하자니 세금이 가중되므로 자연스레 조세의 전가 원칙에 따라 늘어난 세금은 고스란히 전월세 세입자에게 부담되어 전월세 시장의 폭등을 유발하게 됩니다.

3) 2020년 7.10부동산대책 이후 시기

7.10부동산대책은 모든 주택규제의 종합선물세트와 같은 총체적이고 강력한 부동산 대책이었습니다. 먼저 다주택자와 법인의 취득세를 대폭 상향 조정하여 취득세만으로도 부담이 되도록 했습니다. 종합부동산세를 9.13대책과는 비교할 수 없을 정도로 강력하게 상향 조정했습니다. 마지막으로 다주택

자와 법인의 양도세도 더욱 강하게 부과했습니다.

부동산 투자의 생애 주기로 볼 수 있는 취득 단계, 보유 단계, 처분 단계의 모든 과정에 강력한 세금을 부과한 것으로 평가됩니다. 이에 덧붙여 2017년 12월 주택임대사업자 활성화 방안 이후 3년이 채 되지 않아 단기임대사업자와 아파트에 대한 장기임대사업자를 폐지했습니다.

뿐만 아니라, 기존 임대사업등록을 권장하던 시기에 이미 등록되어 있던 기존 임대사업자도 양도소득세 100% 감면이나 장기보유특별공제 70%를 받을 수 없도록 임대사업자등록이 자동 종료되도록 하여 부당한 소급효가 있는 입법이라는 논란이 있었습니다.

이렇게 강력한 부동산대책에 따라 매매 거래시장은 얼어붙어 거래량은 급감했습니다. 그리고 이제는 부동산시장이 변곡점에 도달하여 하락할 것이라는 예측이나 기사들이 쏟아져 나왔습니다. 저도 이 시기에는 너무나 강력한 대책이라 생각되어 서울과 수도권에서 무리하게 추격 매수를 하지 않았습니다. 대신 지방에서 그동안의 부동산 상승 시장에 소외되어 상대적으로 저평가된 것으로 보여지는 아파트를 매수했습니다.

복기해보면 7.10부동산대책은 정말 모든 규제를 총망라한 강력한 대책이었다고 생각됩니다. 그러나 그 파급효과가 상대적으로 반감된 것은 아래와 같은 이유들 때문으로 생각됩니다.

A) 7.10부동산대책과 거의 같은 시기(2020년 7월 30일)에 발표된 계약갱신청구권(주택임대차보호법의 개정)으로 인해 전세 매물의 공급이 갑자기 급감하면서 전월세 가격의 폭등을 유발한 점,

B) 전월세 폭등에 놀란 2030세대 무주택자의 영끌(주택 구입 자금을 영혼까지 끌어모아)과 패닉바잉 현상이 강화된 점,

C) 전월세 가격의 상승에 따라 매매가격과의 갭이 줄어들어 레버리지 투자자들의 부담을 덜어주고, 이는 다시 매매가격을 밀어 올려 가격을 상승시킨 점,

D) 그동안 8.2부동산대책과 9.13부동산대책 이후에도 일정 기간 숨을 고른 후에 시장은 다시 지속적으로 상승했으므로, 이에 대한 학습효과로 7.10부동산대책 이후에도 어느 정도 시간이 경과하면 다시 재상승할 것이라는 시장 수요자들의 기대감과 정책에 대한 불신

2021년에는 또 어떤 부동산 대책이 나올지 예상할 수 없습니다. 2021년 6월 1일을 기점으로 해서 다주택자에게는 7.10부동산대책과 상승된 공시지가가 반영된 재산세와 종합부동산세가 부과되고, 양도소득세 기본세율 과표에 더하여 30%(조정대상지역 2주택 이상이므로 대부분의 다주택자에게 모두 해당)의 추가 과세가 부과됩니다. 이를 피하기 위해 수많은 투자자들이 이미 핵심지역 부동산에 대해 처분보다는 증여를 선택해 자녀에게 증여하고 있습니다.

또한, 서울과 수도권의 2021년 민간 분양의 물량도 주택 인허가 강화의 결과로 매우 감소하고 있습니다.

이러한 점을 종합적으로 살펴본다면 2021년 하반기 이후에는 민간 분양에 의한 신규 아파트 공급과 다주택자의 처분에 따른 기존 아파트의 공급이 모두 감소하는 방향임을 예상할 수 있습니다. 이에 주택 가격이 안정되기보다는 다시 한 번 상승할 가능성이 높아 보입니다.

부동산 대책에 따른 파급 효과와 그 이후 다시 상승으로 이어지던 패턴을 잘 기억하시고, 추후에 나오는 부동산 대책과 시장 환경변화에 따른 변동성의 방향을 예측하는 데 도움이 되길 바랍니다.

투자 수단과 투자 대상의 다변화

무주택자에게 청약은 내 집 마련과 함께 투자도 겸할 수 있는 최고의 선택입니다. 저도 서울 아파트 청약으로 시작했습니다. 특별공급과 1순위 청약은 중복 청약이 가능합니다. 꼼꼼히 상담을 받고 특별공급과 1순위 청약을 모두 시도해 당첨 가능성을 높였습니다.

당시에는 아파트 청약 재당첨 제한 규정이 없어서, 주어진 조건에서 청약할 수 있는 아파트 단지는 빠짐없이 청약을 넣었습니다.

2016년 11월 주택시장 안정적 관리방안에 따라,

A) 지역에 따라 소유권이전등기시까지 또는 분양계약 후 1년 6개월 동안 분양권 전매가 금지되고,

B) 세대주가 아닌 세대원의 청약 1순위 자격을 제한하고 2순위를 부여하여 사실상 청약기회를 박탈했으며,

C) 청약 당첨자는 5년간 재당첨금지 됨에 따라 청약만으로 더 이상 투자를 이어갈 수 없게 되었습니다.

대책이 발표된 직후에는 분양권 거래를 생각하지 못하고 청약 포기와 함께 분양권 투자 자체를 포기했지만, 이후 더 공부해서 분양권 투자를 이어갔습니다.

이미 먼저 분양이 완료된 단지로 전매제한 규정이 적용되지 않는 분양권 중 아직 미래가치가 충분히 반영되지 않은 분양권에 투자하거나, 아파트 분양권의 전매제한 규정이 적용되지 않는 주거용 오피스텔의 청약에 기회가 있다고 생각하여 눈을 돌렸습니다.

또한, 청약통장이 불필요하고 경매입찰 방식에서 낙찰을 받으면 입주 시 거래되는 아파트 시세보다 저렴하게 신축 아파트를 취득할 수 있는 아파트 보류지 물건도 클린업 시스템(cleanup.seoul.go.kr)에서 찾아보고 관심을 두었습니다.

그러나 보류지 물건의 경우 낙찰되더라도 분양 당첨자처럼

중도금 집단 대출이 이루어지는 것이 아니고, 입주 시점에 임박해서 한꺼번에 잔금을 납부해야 하는 부담이 있습니다. 당시 목돈이 준비되어 있지 않아서 보류지 입찰, 낙찰을 경험해 보지는 못했습니다.

지금처럼 15억 이상 아파트에 대해 담보대출이 전혀 되지 않는 시기에는 어차피 계약금, 중도금, 잔금이 일정 간격을 두고 모두 준비되어야 분양 계약을 할 수 있습니다. 따라서 주택담보대출이 불가함을 이해하고 자금을 미리 계획하여 청약을 시도하고 있다면, 분양에 당첨이 되지 않았을지라도 포기하지 말고 보류지 물건 입찰 기회를 추가로 활용해보길 권합니다.

분양권은 계약금을 납부하고 나면 중도금은 집단 대출을 활용해 지급하는 경우가 많기 때문에 초기 부담금 부담이 적습니다. 또한, 입주 시기에는 분양가에 비해 매매가격이 큰 폭으로 상승하여 높은 수익을 얻을 수 있는 장점이 있습니다. 그러나 일반적으로 분양 계약으로부터 입주 시까지 2년 이상이 소요되고, 입주 시점에서는 잔금을 준비해야 하는 부담이 있습니다.

저는 캐쉬플로우를 고려할 때 분양권 투자만 집중하는 방식에는 한계가 있다고 느끼고, 이를 더욱 확장하고자 수도권 구축 아파트를 매매하기 시작했습니다. 현재 근로소득이 있어서 월세를 받는 수익형 투자보다는 시세 차익을 노릴 수 있는 전세 레버리지 투자 방식을 선호했습니다. 무엇보다 세입자를 들여 전세금 레버리지를 활용하여 초기 투자금을 줄일 수 있고 주택담보대출을 활용하지 않아도 되므로 대출 원리금 상환 부담도 없는 장점이 있습니다.

그러나 수요와 공급의 시장 원리에 따라 주변 신축 아파트의 공급량이 확대됨에 따라 전세 물건의 공급이 급증하거나, 일자리가 감소해 인구가 주변 도시로 빠져나가는 등 수요가 줄어드는 경우에는 전세가가 하락할 수 있습니다. 레버리지 투자할 때 특히 주의해야 할 점이 이 부분입니다.

아파트를 매수할 때에는 전세가와 매매가의 갭이 적을수록 투자금이 적게 들어 매력적으로 느껴지지만, 향후 세입자의 전세계약기간 만료 시점에 전세 가격이 하락할 경우, 하락한 전세금을 임대인이 마련해야 하는 부담이 발생한다는 것입니다.

만약 같은 시기에 한꺼번에 여러 채의 아파트를 전세 레버리지를 활용하여 매입했는데, 다함께 전세가격이 하락한다면 그 충격이 몹시 큽니다.

2018년 하반기에서 2019년 상반기 사이에 수도권 일부 지역에서 공급 물량으로 인해 신축 아파트뿐만 아니라 주변 구축 아파트의 전세가격이 하락했습니다. 저도 그 시기에 만료되는 전세계약이 있었는데 시세에 맞추어 전세금을 조정해야 해서, 전세금 차액을 급히 준비해 세입자에게 돌려주느라 힘들었던 아픈 경험이 있습니다.

당시 공급 물량이 많아 전세가격이 하락하는 지역에 여러 채를 투자했던 투자자들 중에는 전세금을 돌려주지 못해 급히 처분하거나 소송에 휘말리는 경우도 발생했습니다.

지금과 같은 전세가격 강세장에서는 괜찮다고 생각할지 모르지만, 시장 상황의 변화에 따라 언제 또다시 전세가격이 일시적으로 하락할지 모릅니다. 따라서 전세 레버리지 투자를 할 때에는 매매 수요에 대한 흐름뿐 아니라 전세 수요가 지속적으로 꾸준히 받쳐줄 수 있는지, 주변 신축 아파트 공급으로 인해 구축 아파트의 수요가 급감할 우려는 없는지 유심히 검토할 필요가 있습니다.

2020년 7.10부동산대책으로 인한 세금규제 강화로 다주택자가 매매를 통해 아파트를 추가로 매입하기 어려운 환경이 되었습니다. 저는 전세 레버리지 투자를 잠시 멈추고, 경매 투자, 재개발 입주권 투자, 수익형 투자로 확장했습니다.

경매를 활용한 투자에서도 다시 세부적인 투자 범주를 나누어 볼 수 있습니다.

A) 빌라 등 다세대주택 경매 투자,

B) 오피스텔 및 상가 경매 투자,

C) 비규제지역 아파트 경매 투자,

D) 전답이나 임야 등의 토지 경매 투자를 할 수 있습니다.

또한, 유치권이나 지상권 등이 설정된 경우의 특수경매는 보다 철저한 권리분석이 필요하나 큰 수익을 얻을 수 있기도 합니다. 저는 운 좋게도 수업을 들으며 경매를 공부하기 시작하면서 시도했던 몇 건의 입찰건 중 한 건을 낙찰받기도 했습니다.

지금까지 살펴본 부동산 정책과 규제에 따라서, 사회구조적 환경 변화에 따라서도 부동산 투자 수단과 대상이 달라질 수 있습니다.

예를 들면, 2020년 코로나19의 영향으로 모임이 급격히 줄어들고 해외에서 들어오는 여행객이 줄어들어 도심지 상권이 큰 타격을 받아 지금도 어려움을 겪고 있습니다. 일부 직종에서는 재택근무가 확산됨에 따라 거주 주택을 선택함에 있어서 출퇴근시간이나 출퇴근거리의 중요성보다 홈오피스를 갖추었는지를 더 중요하게 생각하기도 합니다.

또한, 부모님의 재택근무, 학생들의 원격수업으로 인해 가족들이 집에서 온종일 머무르게 되는 시간이 늘어남에 따라 중소형 아파트보다는 중대형 평수 아파트를 선호하여 품귀현상이 나타나기도 합니다. 동일한 면적 아파트 중에서도 알파룸과 베타룸 등 공간 활용성 측면을 강조한 신축 아파트가 선호되기도 합니다.

부동산 투자는 매입부터 최종 처분할 때까지 오랜 시간이 걸리는 장기 투자임에 비해, 정책과 환경은 너무도 빠르게 변화합니다. 2020년의 코로나19를 아무도 예측하지 못했던 것처럼, 우리가 지금 매입하는 부동산을 처분하게 될 2025년, 2030년을 예측하기는 매우 어렵고 제한적입니다.

예측이 어렵다는 것은, 인구는 지속적으로 감소하고 있고 출산율이 급감하고 있으므로 미래 주택 수요가 감소하겠지만 가구 수의 증가나 외국인의 이주 또는 투자 수요 증가가 발생할 여지가 있습니다. 또는 전체 가구 수는 감소하더라도 지방

중소도시의 전출에 따라 수도권 및 광역시에서는 가구 수가 증가하게 될지 모릅니다. 결과적으로 어느 누구라도 현 시점에서 2030년의 변화를 예측하는 것은 매우 어렵다는 의미입니다.

따라서 부동산 투자를 어느 정도 진행하여 보유 부동산이 지속적으로 증가하고 있는 투자자들은 리스크 관리와 자산 배분의 측면에서 부동산 자산 포트폴리오를 다변화할 필요가 있다고 생각합니다.

저는 아래와 같은 범주로 보유 부동산 포트폴리오를 확장하고 다변화하고 있습니다.

A) 투자 지역의 다변화: 서울 핵심지역뿐 아니라 상대적으로 매매가격이 저렴한 주변지역(금천, 관악, 구로구), 수도권과 인천, 지방 광역시

B) 투자 물건의 다변화: 아파트를 주요 투자 대상으로 하나, 재개발 가능성이 있는 빌라에 대한 장기투자, 단독주택, 주거용 오피스텔, 분양권과 입주권, 상가와 토지

C) 수요자 계층의 다변화: 4인 가족이 거주할 수 있는 주택을 주요 투자로 하나, 1~2인 가구 타깃으로 한 주택, 단기 임대용 주택, 상업용 오피스

D) 노후 정도의 다변화: 분양권과 5년 이내 신축 아파트를 주요 투자 대상으로 하나, 10년 이내의 준신축 아파트, 준공 후 30년 전후의 재건축 또는 재개발 가능성이 있는 아파트

E) 주택 면적의 다변화: 전용면적 84㎡(구 34평형) 아파트를 주요 투자 대상으로 하나, 다양한 수요층을 고려하여 전용면적 59㎡, 40㎡, 88㎡, 105㎡ 주택

F) 층과 방향의 다변화: 중층의 남향 아파트를 주요 투자 대상으로 하나, 층간소음에 예민한 수요자를 고려한 탑층과 1층, 일조량과 뷰가 좋은 고층, 창가로 꽃과 나무를 볼 수 있는 조경을 갖춘 저층, 미라클 모닝족을 위한 동향, 오후 채광이 좋은 서향

G) 잠재 가치의 다변화: 지하철 신설, 연장 등 교통호재가 기대되는 아파트, 선호도가 높은 학교와 학원이 밀집된 학군 지역 아파트, 대기업 연구소 등 양질의 일자리가 근접한 아파트, 한강뷰/호수뷰/CC뷰(골프장뷰)/숲세권/공세권 아파트

지금까지 부동산 정책과 규제 변화에 따른 저의 투자 방향 전환 및 대응과 다변화하기 위해 노력한 경험들을 말씀드렸습니다. 이를 요약해보면 다음과 같은 흐름이 됩니다.

8천만 원의 자본금으로 저금리의
담보대출을 이용하여 내 집 마련

⇩

서울 아파트 청약 당첨

⇩

전세 레버리지 투자로 주택 수와 투자지역 확장

⇩

주택임대사업자 선별적 등록으로
세금(보유세, 양도세) 부담 완화

⇩

규제로 인한 일시적 저점을 포착하여
다시 공격적 레버리지 투자로 확장

⇩

경매 투자

⇩

투자 포트폴리오 확장 및 다변화

저는 이와 같은 과정을 거치며 2015년 8천만 원에 불과했던 자산이, 2021년 현재 부동산 자산 100억(KB 시세 기준)을 초과하는 투자자로 성장했습니다. 6년의 시간 동안 급성장 하는 과정에서 몇 차례의 행운이 따르기도 하고 주변 사람의 도움도 많이 받았지만, 누구에게도 부끄럽지 않을 정도로 제 스스로 꾸준히 투자 공부를 하고, 어려운 일을 겪을 때마다 포기하지 않고 해결 방법을 찾으려 노력해온 것이 도움이 되었다고 생각합니다.

저는 지금도 자산 증식을 위해 계속해서 활발히 투자를 하고 있는 투자자이며, 동시에 제가 아직 경험해보지 못한 투자 대상과 지역, 투자 방법으로 확장해 나가기 위해 지속적으로 공부하며 기회를 발굴하고 있습니다.

여러분들도 몇 번의 경험을 통해 익숙해진 투자방법만을 계속 고수하시기보다는 활용할 수 있는 여러 투자수단들을 익혀두고 정책 변화와 규제에 따라 적절한 투자 방법을 선택하여 빠르게 전환하고 응용하는 힘을 기를 것을 권합니다.

우리 일반 투자자들이 부동산 정책과 규제가 발표되기 전에 예상하기 매우 어려운 것처럼, 부동산 시장의 상승과 하락도 생명체와 같이 시시각각 변화하여 예측이 어렵습니다. 단기적으로 2022년 상반기까지는 정도의 차이는 있으나 강세장을 예상해보지만, 어떤 변수가 발생할지 알 수 없기 때문입니다.

"시장은 예측이 아니고 대응이다."

주식 시장에서 많이 듣게 되는 말이지만 저는 부동산 투자 시장도 같다고 생각하고 적극 공감합니다. 다만 주식시장과 부동산 시장의 다른 점을 꼽아보자면 변화와 대응의 속도 차이입니다.

시장 환경에 따라 즉시 주가에 반영되어 변동되는 주식 시장과 달리, 부동산 시장에서는 하루 만에 급격히 반영되어 변하는 경우는 흔하지 않습니다. 시장 변화에 대한 대응도 주식 시장에 비해 부동산 시장은 충분히 현상을 분석하고 검토하여 결정을 내릴 수 있다는 점에서 안정적입니다. 그러나 부동산 시장의 변화가 느리다고 하여 이를 가볍게 여기면 안 됩니다. 큰 방향에서의 움직임이 보인다면 신중하게 검토하여 투자 수단과 방향, 투자 대상을 다변화하고 포트폴리오를 재구성하는 지혜가 필요합니다.

3장

정책의 행간을 파악하기 위해 정보를 습득하고 분석한다

매일 체크할 정보

저는 평소 TV를 즐겨 시청하지 않는 편입니다. 드라마, 예능, 개인방송, 넷플릭스에도 별로 흥미가 없지만 8시 뉴스는 꼭 챙겨보고 있습니다. 굳이 저녁 8시까지 기다리지 않아도 실시간으로 뉴스를 볼 수 있는 세상인데 진부하다 생각할 수 있지만, 분명 다른 점이 있습니다.

유튜브를 검색해서 뉴스를 접하는 것은 능동적이라 우리가 원하는 정보를 찾아서 빠르게 확인할 수 있습니다. 이에 반해 8시 뉴스는 구식이고 수동적입니다. 굳이 내가 알고 싶지 않은 정보들까지 정치, 경제, 사건사고, 해외, 문화, 스포츠, 날씨 순서대로 나열하여 보여주는 것을 지켜보고 있는 것은 시간

낭비라 생각하는 분들의 의견도 존중합니다. 저도 그렇게 생각했던 때가 있었습니다.

그런데 제가 부동산 투자를 시작하고 공부를 위해 8시 뉴스를 챙겨보기 시작했습니다. 과거의 내가 8시 뉴스를 보지 않았던 이유는 궁금하지도 않은 분야별 뉴스를 줄줄이 나열하여 알려주는 것이 마음에 들지 않아서였는데, 아이러니하게도 모든 분야별 뉴스를 핵심 요약하여 주는 정보가 부동산 투자 공부에는 도움이 되었습니다.

물론 포털사이트를 검색하거나 나열된 기사들 중에서 선택해 확인하기도 하지만, 이는 필연적으로 부동산 분야나 경제뉴스 중 관심 있는 부분에 대해 한정된 정보만을 접하게 됩니다. 평소 관심이 없던 사회문화적 문제들의 지적, 여야 정치권의 대립, 국내외 주가의 흐름, 세계 각국의 뉴스, 환경 문제, 기후 변화들을 놓치지 않고 모두 봅니다. 참 고맙게도 너무 과하지 않도록 핵심만 요약하여 알려주니 다행입니다.

부동산 투자는 수요와 공급을 파악하는 것이 중요합니다. 공급은 정부기관과 대기업들에 의해 정해지는 경우가 많으므로 계획과 실행에 따른 데이터를 보면 됩니다. 반면, 수요는 마치 생물과 같이 변하고 진화합니다. 주거용 부동산으로 변함없이 아파트가 사랑받아 왔고, 교통과 학군 등이 중요한 요소인 점에는 변함이 없습니다. 그렇지만 초품아, 슬세권, 숲세권, 한강 조망, 호수 조망, 바다 조망, 알파룸, 테라스룸, 팬트리, 높은 천장고 등과 같이 수요자의 선호도는 조금씩 변하고 진화하고 있습니다.

저는 8시 뉴스를 보면서 향후 부동산 수요와 공급의 변화를 예상하는 데 도움이 되는 정보들을 얻고는 합니다. 대중의 관심과 원하는 것이 무엇인지 경향이 어디로 흘러가는지를 지속적으로 파악하는 것이 중요합니다. 부동산은 결국 시간에 투자하는 것이고 시간이 지나 좋은 성과를 내기 위해서는 현시점에서 가능한 최선을 다해 미래의 변화를 예측하여 끊임없이 투자 플랜을 수정하고 변화에 대응해야 하기 때문입니다.

국내뿐 아니라 세계 뉴스도 관심 있게 보는 것이 좋습니다. 세계 뉴스는 8시 뉴스로만 보기에는 부족해서 더 찾아보는 편입니다. 저는 주식투자에는 재능이 없어 지수를 추종하는 ETF 투자 정도만 하고 있습니다. 그러나 다우존스, S&P500, 나스닥, 상해, 심천 지표들과 미국, 유럽, 일본, 중국 환율 지표, 미국 연방준비제도(Fed)의 금리 변동, 한국 중앙은행의 기준

금리 변동은 꾸준히 확인합니다.

일반적으로 주식은 경제 선행지표라고 하여, 주가가 올라가면 경기가 회복되는 것을 의미하고 이는 부동산 시장에도 영향을 미칠 수 있습니다. 주식과 부동산이 항상 상관관계를 가지고 기간을 두고 상승 하락을 하는 것은 아니지만, 부동산 시장을 예측하기 위한 여러 가지 지표들 중 하나로 세계 증시와 환율, 미국 연방준비제도(Fed)의 금리 변동을 파악하고 있다면, 부동산 투자에서 미래의 변동성의 방향을 예측하는 데 있어 정확도를 보다 높여줄 수 있습니다.

8시 뉴스에서는 토픽만 짧게 소개하므로, 부동산 투자와 직접적으로 관련이 있는 중요한 이슈인데 내가 정확히 상세하게 파악하고 있지 못하다면 국토교통부(www.molit.go.kr), 기획재정부(www.moef.go.kr) 등 정부기관 보도자료 원문을 직접 확인하는 것이 바람직합니다.

간혹 보고서가 너무 길고 방대하여 보기 어려운 경우도 있지만, 핵심 위주로 알기 쉽게 표와 그래프로 요약되어 있는 경우도 있습니다. 무엇보다도 중요한 정보를 확인할 때에는 타인에 의해 요약되고 편집된 가공된 정보를 보는 것보다, 스스로 정보를 요약하고 핵심을 파악하는 것이 가장 정확하고 신뢰할 수 있습니다.

국토교통부 홈페이지 / 보도자료 원문

제7차 공정사회반부패정책협의회

부동산 투기근절 및 재발방지대책

2021. 3. 29.

관 계 부 처 합 동

(출처 : 국토교통부)

만약 혼자 파악하고 요약하는 것이 힘들고 어렵다면, 편집된 자료나 기사들을 보되, 최대한 다양한 기관과 사람들에 의해 편집된 자료들을 두루 확인하고 전문가의 테마 강의, 유튜브 등을 여러 채널을 이용하여 재차 삼차 팩트를 확인할 것을 권합니다.

편집된 자료나 기사는 짧게 요약해야 하는 특성상 정보 가공자에 따라 의중이 왜곡되거나 핵심정보가 누락될 가능성이 존재합니다. 또한, 축약된 내용으로 충분한 설명이 되지 않기 때문에 자료와 기사를 읽는 사람이 내용을 오해하거나 다양한 측면 중 일부만을 파악하는 편향이 발생할 수 있기 때문입니다.

저는 전문가 강의도 많이 활용합니다. 부동산 경매 수업과 같이 여러 회차에 걸쳐 학습해야 하는 강의도 있고, 이슈와 테마에 따라서는 1회로 진행되는 단발성 강의도 들으러 다닙니다.

그간의 경험과 공부로 내가 많이 알고 있다고 생각하는 분야에 대해서도 전문가의 의견이나 놓친 부분, 새로 떠오르고 있는 이슈 등 흥미로운 부분이 있습니다. 잘 알지 못하는 분야는 스터디 그룹 등에 참여하거나 전체 강좌를 수강하기도 합니다. 시간 대비 효율성 측면에서 보면 전문가 강의를 듣는 것이 짧은 시간에 빠르게 정보를 습득할 수 있는 방법이라고 생각됩니다.

오프라인 강의를 듣기 어려운 환경이라면 온라인 동영상 강의나 유튜브 라이브 등의 강좌를 수강하는 것도 좋습니다. 공부하면 할수록 정말 부동산 투자에도 많은 분야와 방법이 있다는 것을 새삼 깨닫게 됩니다.

아파트, 빌라, 단독주택, 토지, 건축, 분양, 상가/빌딩, 재건축/재개발, 세법, 경매/공매 등 분야가 많고, 분야별로 더 정통한 전문가들이 있습니다.

가능한 많은 분야를 접하고 전문가들을 만나 보면, 나에게 잘 맞는 분야와 방법을 찾아갈 수 있습니다. 또 경제와 정책 및 규제 등의 시장 환경 변화로 인해 나의 길이 막히고 어려워질 때 우회할 수 있는 투자로를 찾거나 새로운 방향을 개척하는 데에도 많은 도움이 된다고 생각합니다.

종합해보면 어떠한 재테크나 투자보다도 부동산 투자는 거시적으로나 미시적으로 다양한 정보들을 지속적으로 업데이트하고 많은 분야와 방법론들을 습득해야 합니다. 방대한 분량의 정보들을 습득하기 위해서는 많은 시간과 노력이 필요합니다. 경우에 따라서는 스스로 직접 원문 정보를 확인해야 하는 경우도 있고, 또 압축 요약된 자료를 참고하거나 전문가의 강의 등의 도움을 받는 것이 효율적인 경우도 있습니다.

특정 분야의 정보만을 편식하거나 특정 지역, 이슈에만 과하게 집중하지 말고 거시적인 관점에서도 함께 아우를 수 있는 식견을 기른다면, 이슈성 단기 호재 재료에 흔들리거나 군중 심리에 휩쓸려 수익성이 낮고 위험한 투자를 하는 실수를 피할 수 있을 것입니다.

이 글을 읽으시는 분들은 다양한 분야의 정보들을 폭넓게 꾸준히 공부하여 모두 자신만의 투자 방법과 길을 찾아 개척해 나아가길 진심으로 기원합니다.

가장 신속한 정보

서로 시청하는 콘텐츠는 다르지만, 저의 어린 조카도 부모님도 유튜브를 즐겨 시청하는 것을 보면 2021년 현재 가장 쉽고 빠르게 활용할 수 있는 공부 방법은 유튜브라 생각됩니다.

빠르게 변화하는 정책과 규제 속에서 부동산 투자를 위해서는 최신 정보를 신속하게 획득하는 것과 함께, 기존에 이미 알고 있던 정보에 대비하여 바뀐 부분을 수정하며 업데이트하는 것이 매우 중요합니다.

최신 정보를 정확하고 빠르게 입수한다면 내가 남보다 한 발 앞서 움직일 수 있는 가능성과 기회가 커집니다. 아울러 마음의 결정을 해야 하는 순간에도 흔들리지 않고 결단할 수 있는 힘이 됩니다.

부동산 투자와 관련해서도 유튜브에 다양한 콘텐츠들이 존재합니다. 유튜브에서 활동하는 전문가들마다 각자의 분석 시각에 따라 긍정적 측면, 부정적 측면을 함께 들어보며 시각 차이를 보는 것도 흥미롭습니다.

저는 부동산 폭등론자가 아니고 폭락론자도 아닙니다만, 폭등과 폭락을 예견하는 극단적인 성향의 유튜브 채널들을 두루 구독하여 시청하고 있습니다. 한쪽에서만 편향된 시각으로 바라보는 것보다 폭등과 폭락, 긍정과 부정적인 시각에서의 의견을 모두 공부하다보면, 부동산에 대한 나만의 시각이 키워집니다.

예를 들면, 저와는 부동산을 바라보는 시각차가 있는 유튜버 중 라이X 하우스, 쇼X 부동산 채널의 영상도 꾸준히 모니터링합니다. 때로는 깊이 있게 생각하고 있지 못했던 위험성을 다시 되새겨보는 경우도 있고, 또 동일한 데이터를 두고 해석하는 시각에 따라 결과가 달라질 수 있다는 점에서 분석적 시각차도 느껴봅니다.

제가 유튜브 채널을 선택할 때에는 구독자 수나 조회 수 순으로 선별하지는 않습니다. 몇 개의 영상을 보고 도움이 될 것이라 생각하면 구독하고 꾸준히 시청하는 편입니다. 다만, 각 유튜브 채널의 구독자 수와 영상의 조회 수를 참고합니다. 왜냐하면 부동산 투자라는 한정된 카테고리 안에서 구독자 수와 조회 수가 많다는 것은 그만큼 대중들이 많은 관심을 갖고 있다는 것입니다.

다른 투자자 혹은 예비투자자들이 어떤 내용에 관심이 있고 어떤 성향을 갖고 있는 채널을 구독하고 있는지를 파악한다는 것은 대중의 관심과 성향을 파악하는 것이고, 지금 시장에서 어느 쪽에 사람들의 관심이 쏠리고 있는지 예측해볼 수 있는 하나의 지표가 될 수 있습니다.

대중의 관심은 곧 수요를 의미하고 공급이 제한되어 있다면 수요-공급곡선에 의해 가격 상승으로 이어질 수 있기 때문입니다. 뿐만 아니라 대중의 관심을 파악하는 것은 내가 눈여겨보고 있는 투자물건과 지역이 레드오션인지 블루오션인지를 판단하는 데에도 도움이 됩니다.

유튜브의 또 다른 매력은 영상을 최대 2배속으로 빠르게 시청할 수 있고, 영상을 넘기면서 필요한 부분을 발췌하며 볼 수 있다는 점입니다.

신림동에서 공부하던 시절 즐겨 사용했던 것이 2배속 카세트 플레이어(일명 찍찍이)였는데, 방대한 분량의 강의 테이프를 들어야만 했던 저에게는 최고의 애정템이었습니다. 처음에는 익숙하지 않을 수 있지만 1배에서 조금씩 속도를 높여 들어보면 시간을 절약하는 데 많은 도움이 됩니다. 구독하는 채널마다 업로드되는 영상이 하루에도 수십 개인데 빠르게 정보를 발췌하기 위해 늘 2배속으로 시청합니다. 영상의 길이가 모두 다르지만 하루에 약 30분 정도만 투자하면 10개 내외의 영상을 매일 체크할 수 있습니다.

얼마 전까지만 해도 검색엔진으로 유튜브를 활용하지 않고 네이버나 구글을 많이 사용했습니다만, 요즘 학생들은 네이버보다는 유튜브를 검색엔진으로 주로 사용한다고 합니다.

학생들이 글을 읽는 것보다 영상을 보여주는 것이 더 편하기 때문이라고 생각하면 한편으로는 씁쓸하기도 합니다만, 다른 측면으로는 얻을 수 있는 정보의 질과 양으로 인한 차이일 수 있다고 생각됩니다. 정보를 제공하는 전문가들도 수요의 이동에 따라 네이버 블로그나 카페보다는 유튜브로 이동했기 때문에, 부동산 공부에서도 검색에 유튜브를 많이 활용할 수 있습니다.

저도 부동산 중 제가 잘 모르는 분야를 공부할 때에는 유튜브에서 검색해 영상을 참고하기도 합니다. 그리고 새로 신설

되는 유튜브 채널 중 구독해야 할 채널을 찾기 위해서라도 유튜브 검색을 많이 활용하고 있습니다.

부동산 투자에서 꼭 투자와 관련된 내용에 대해서만 공부해야 하는 것은 아닙니다. 투자를 위해서는 경제학의 기본 원리와 자본주의에 대한 이해가 필요합니다. 부동산 투자에서 중요한 것은 투자자 본인의 판단과 결단인데, 자신 있게 결정하기 위해서는 본인 스스로 많이 알고 있어야 합니다.

책으로 공부하는 것도 좋지만 경제학자의 유튜브 영상으로 지식을 쌓아가는 것도 도움이 됩니다. 세계 경제의 흐름 속에서 한국 경제의 흐름을 이해하고, 전체 경제의 방향 속에서 부동산 시장의 현황을 이해한다면, 투자에 대한 결단의 순간에 용기를 주고 자신감을 줍니다.

지금까지 주로 유튜브를 활용한 부동산 공부의 장점들을 주로 나열했습니다만, 주의할 점도 있습니다. 그것은 시청자가 각각 정보의 정확성이나 신뢰도를 판단하고 분석하여 소화할 수 있는 판단력이 필요하다는 것입니다.

8시 뉴스, 전자 신문의 뉴스 기사, 도서, 오프라인 강의/세미나에서는 정보를 전달하는 사람이 공인되어 있거나, 적어도 최소한의 검증을 거친 정보를 접하게 됩니다. 이에 비해 유튜브 영상은 누구나 업로드할 수 있기 때문에, 정보의 정확도나 신뢰도가 상대적으로 낮습니다.

뿐만 아니라, 일부 유튜버들은 구독과 조회 수를 높이기 위해서인지 알 수 없으나, 극단적으로 자극적이고 비판적인 방향으로 정보를 왜곡하여 전달하기도 합니다. 예를 들어, 주글라 파동과 10년 주기설을 증거로 들면서 2008년 미국의 서브프라임 모기지발 금융위기 이후 10년이 되어 가고 있으니, 줄곧 폭락장이 올 것임을 주장하는 유튜버가 있습니다. 또한 유사하게 주식 시장에서 회자되는 엘리엇 파동이론을 근거로 부동산 시장에서도 2018년 이후로 몇 차례의 상승 파동이 왔으니 이제 앞으로는 하락 파동이 나타나 주택 가격이 폭락할 것이라는 유튜버도 있습니다.

어떤 투자물이든 항상 상승만 하거나 하락만 할 수는 없기 때문에, 몇 년간 계속 입장을 고수하다 보면 언젠가는 폭락장을 주장하는 전문가의 말이 맞는 날이 오겠지요. 그러나 그날이 오기 전까지 기나긴 상승장에서의 수익은 무소유의 자세로 마음을 비우고 구경만 해야 할 것입니다. 물론 반대로 무작정 장밋빛의 긍정적인 미래만을 전달하는 영상이나 특정 물건에 대한 투자 권유를 하는 영상도 주의를 기울여야 합니다.

종합해보면 유튜브를 통한 부동산 공부 방법은 최신 정보를 빠르게 습득할 수 있는 점에서 효과적이지만 다양한 측면의 정보와 분석 결과들을 골고루 살펴볼 필요가 있습니다. 그 안에서 대중의 관심분야 흐름을 파악해보는 것도 도움이 되고, 2배속으로 정보를 발췌하여 얻을 수 있는 매력이 있습니다. 이러한 장점과 함께 이면에는 정보의 신뢰도가 문제될 수 있고 정치적 선동으로 악용될 수 있는 여지도 있기 때문에, 시청자들의 배경지식과 판단 능력이 요구됩니다. 많은 장점이 있음에도 불구하고 유튜브와 함께 다른 공부 방법들을 병행해야 하는 이유입니다.

전문가 통찰이 담긴 자료

사람들마다 글을 읽는 것이 편한 사람이 있고 말로 듣는 것이 더 편한 사람이 있어 제각각 다르겠지만, 제 개인적인 의견은 어떤 한 분야를 공부하기 시작할 때 가장 좋은 방법은 독서라고 생각합니다.

아무것도 모르는 분야를 시작할 때에는 누구나 망설여지고 도대체 어떤 것부터 뭘 해야 할지 몰라 두려운 마음이 들기도 합니다. 저는 이럴 때 해당 분야에 대한 몇 권의 책을 읽고 나면 기본적인 개념이 머릿속에 그려지고 이제 앞으로 내가 어떤 것을 더 공부해야 할지 생각이 떠오르곤 합니다.

부동산 경매를 처음 시작하고자 할 때 막연한 두려움이 앞서게 됩니다. 사람들의 곱지 않은 시선이나 드라마 등에서 강제집행의 장면을 연상하게 되면 내가 이렇게 험한 일을 할 수 있을까 의문이 들기도 합니다. 그래서 저는 먼저 부동산 경매에 대한 기초적인 책을 3권 골라 읽어보았습니다. 가능한 초보들을 위해 쉽게 쓰여진 책을 선택해 읽고 나니, 막연하게만 생각하던 두려움과 오해가 어느 정도 해소되었습니다.

명확하게 그려낼 수는 없지만 대략적인 그림이 머릿속에 그려지고 나니, 보다 명확하게 공부해보고 싶어 오프라인에서 진행하는 경매 강의를 들었습니다.

강의에서 이론과 실전에 대해 공부하면서 더 좋았던 점은 궁금하거나 우려되는 점을 물어볼 수 있는 전문가가 생겼다는 점입니다. 권리분석을 하는 방법을 배우더라도 초보인 내가 한 권리분석이 맞는지 틀린지 의심이 되고 걱정이 되는데, 전문가를 통해 답을 검증할 수 있기에 안심이 되었습니다.

여기에 자신감을 얻어 빠르게 성공 체험을 해보고 싶어 도전했고, 몇 건의 입찰 만에 운 좋게도 첫 낙찰을 받았습니다. 처음 한 건을 낙찰받아 보니 두 번째부터는 더욱 쉽게 도전적으로 경매 물건을 꾸준히 입찰할 수 있게 되었습니다.

지금도 부동산 경매는 꾸준히 하고 있으며, 저가 매물 확보라는 관점에서 부동산 투자자가 매매와 함께 병행해야 할 중요한 도구라고 생각합니다.

부동산 법인을 설립할 때에도 마찬가지였습니다. 주변에서는 부동산 법인을 하면 좋다고 하던데, 또는 부동산 법인을 하면 규제 때문에 큰일난다고 하더라는 말을 합니다. 막연히 두렵고 내가 정말로 부동산 법인을 시작해야 할지 판단이 되지 않았습니다.

그래서 부동산 법인에 대한 책을 몇 권 골라 정독했습니다. 책을 읽어보고 나니, 현재 내 상황에서 법인을 활용한 투자 방법을 어떻게 병행하면 좋을지와 관련하여 나의 질문이 구체화되었습니다.

이렇게 내가 궁금한 점들이 구체적인 질문으로 정리된 후에야 비로소 강의와 세미나를 들어보기도 하고 전문가와 컨설팅을 통해 최종 법인을 어떤 방향으로 설립하고 운영하면 좋을지를 결정할 수 있었습니다.

예를 들면 독서를 통해 어느 정도의 배경지식을 갖춘 후에야, 전문가가 포괄양수도와 세감면 현물출자 등에 대해 권유하거나 컨설팅할 때 스스로 판단해서 결정할 수 있게 됩니다.

또한, 부동산 법인 투자를 한다는 것은 설립, 투자 운영, 비용 지출 관리까지 많은 단계를 미리 계획해야 합니다. 단계가 많은 만큼 여러 분야별 전문가의 도움을 받아야 합니다.

설립단계에서는 변호사와 회계사의 도움을 받고, 설립 이후 수입지출 운영 관리에 대해서는 세무회계 전문가의 도움을 받아야 합니다. 또한, 부동산 법인으로 투자시 최근 규제로 어려워진 대출을 받기 위해서는 부동산 법인 대출에 경험이 많은 전문가의 도움을 받는 것이 좋습니다.

이와 같이 세부적인 항목별로는 전문가의 도움을 받아야 하지만, 이를 위한 전체적인 통합 관리는 법인 대표자 스스로 판단해야 합니다. 그 첫걸음으로 독서가 가장 도움이 될 것입니다.

경제적 관점에서 서술된 세계사에 대한 서적도 꼭 읽어보기를 권합니다. 저는 학창시절에 국사와 세계사를 암기 과목으로만 생각하여 오로지 시험을 위한 공부만을 해서 무척 싫어했습니다. 그래서 역사에 대한 배경지식이 부족한 편입니다.

그런데, 부동산 투자를 시작하면서 과거의 부동산 정책이 반복되고, 시장 상황과 수요자들의 반응이 되풀이되는 것을 보면서 역사 공부의 필요성을 느꼈습니다. TV에서 보는 '벌거

벗은 세계사'와 같은 프로그램은 재미는 있지만, 경제적 관점에서 세계사를 접근하는 책을 읽는 것이 더욱 도움이 됩니다.

역사적으로 어떤 사건이 발생하게 된 배경과 선택의 순간에서 돈의 영향력을 공부해보면, 앞으로 우리 투자자들이 부딪히게 될 환경에서 상황 판단에 길잡이가 되어줄 것입니다.

똑같이 반복되지 않을지라도 역사의 교훈은 부동산 투자에서 정책과 규제, 경제 상황의 변화에서 거시적인 흐름의 방향을 읽어내고 판단하는 데 유익한 공부가 됩니다.

부자들의 자기 관리에 대한 책들도 투자자에게 유익합니다. 부동산 투자도 결국은 수익을 내어 돈을 벌기 위한 것이라면, 돈을 벌고 유지하는 데 성공한 부자들의 사례를 벤치마킹할 필요가 있습니다.

가족과 주변 지인, 이웃들이 부자들이 많아 직간접적으로 부자들의 습관과 패턴을 자연스럽게 체험하고 있다면 더할 나위 없겠지만, 저는 금수저가 아니라 부자들을 쉽게 만나기도 어렵습니다. 그렇다면 부자들이 어떻게 생각하고 생활하는지, 습관을 통해 자기관리를 어떻게 하는지 독서를 통해 간접적으로 배울 수 있습니다. 자수성가든 상속이든 부를 축적하고 유지하고 있는 부자들을 간접 벤치마킹하는 것은 내가 부자가 되고 부를 유지해갈 수 있는 확률을 한층 더 높여줄 것입니다.

저는 매년 가을쯤이면 발간되는 트렌드 코리아도 꼭 챙겨 봅니다. 소비자학과 교수인 김난도 교수님이 주 저자이지만, 지난 대중들의 관심 분야를 파악하고 내년의 트렌드 방향을 예측하는 데 많은 도움이 된다고 생각합니다.

과거에는 은퇴 후의 중장년층이 주로 부동산 투자를 했다면, 최근에는 20대, 30대까지도 부동산 투자의 큰손으로 떠오르고 있습니다.

다시 말해 특정 세대에서만 부동산이 소비되는 것이 아니라, 모든 나이대의 모든 세대들에게 부동산 투자가 확산되고 있기 때문에, 대중의 관심과 트렌드를 공부하는 것이 더욱 중요해졌습니다.

부동산 투자는 매도인과 매수인, 임대인과 임차인이 사람 간에 서로 거래를 하는 것입니다. 세대 간의 장벽을 두는 것보다는 폭넓게 이해하려고 노력하는 것이 부동산 투자에도 도움이 될 것임은 분명합니다.

40대인 저는 회사에 20대 후배들이 있지만, 청년들이 어떤 생각을 하고 성향이 어떤지 충분히 대화를 하고 파악하기 어렵습니다. 특히, 회사일과 관련이 없는 부동산 투자라는 분야에서는 더욱 그렇습니다. 거시적으로나마 그 트렌드를 읽을 수 있는 방법으로 독서를 권합니다.

종합해보면 수많은 부동산 공부 방법 중 빼놓을 수 없는 것이 독서입니다. 그 이유는 먼저 어떤 분야를 시작하는 단계에서 알아야 할 기본을 차곡차곡 쌓아가는 과정으로 적합하기 때문입니다. 그리고 부동산 투자를 위해 부차적으로 도움이 될 경제학, 세계사, 자기 관리 등에 대해서도 독서를 통해 배울 수 있기 때문입니다.

지난 2020년 저의 목표 중 하나가 책 100권 읽기였습니다. 나름대로 부단히 노력했지만 목표를 달성하지는 못했습니다. 2021년에는 매월 5권 이상 읽기로 목표를 조정했습니다.

숫자를 채우기 위한 독서보다는 책을 통해 배운 것을 녹여 스스로에게 활용하는 것이 더욱 중요하다고 위안을 해봅니다. 그렇지만 변명의 여지없이 절대적인 독서량도 분명 중요합니다. 적은 비용으로 전문가들의 노하우를 간접적으로 익힐 수 있는 독서, 부동산 투자에서도 게을리하지 말길 바랍니다.

부동산 시세 현황 체크

평소 부동산에 관심을 두지 않는다면, 매수 또는 매도 거래를 앞두고 혹은 전월세 계약을 앞두고 시세를 파악하게 됩니다. 그렇지만, 평소 꾸준히 파악하는 것이 추후 거래에서 유리한 조건을 선점하는 데에 큰 도움이 된다고 생각합니다.

제 경우에는 이미 보유 중인 부동산들이 있고 항상 매수, 매도, 전월세 계약을 체결할 수 있음을 전제로 평소에 다음의 4가지 분류로 부동산 시세 현황을 파악합니다.

첫째, 보유 중인 부동산의 현재 호가와 실거래가를 파악합니다.

주택을 예로 들면, 현재 호가는 그 부동산을 보유하고 있는 집주인이 팔고 싶은 시장가격을 말합니다. 실제 거래에서 많이 활용되는 네이버 부동산에서 제가 보유 중인 부동산에 대해서는 모두 '관심단지'로 표시해두고 주단위 또는 월단위로 호가 시세를 체크합니다.

네이버 부동산 매매 호가

실거래가는 그 부동산이 실제로 거래된 가액으로 국토교통부에 신고된 거래 금액을 말합니다. 따라서 일반적인 경우에는 호가 시세보다는 낮게 형성되어 있을 것입니다.

국토교통부 실거래가

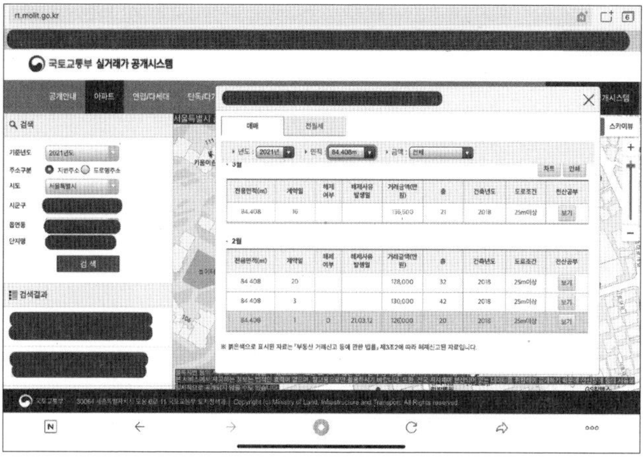

여기에서 주의할 점이 있습니다. 오늘 내가 보고 있는 호가 시세는 향후 장래에 발생할 매매 거래에 대해 매도인(주택의 경우 집주인)이 희망하는 거래 시세이므로 미래 시점에서의 가격입니다.

이에 비해, 실거래가는 이미 몇 개월 전의 과거(통상 계약일부터 약 2개월 이상의 기간이 지난 후에 잔금 및 등기이전이 되는 것을 고려)시점에 체결된 매매 계약에 따라 잔금일에 잔금지급 및 등기이전이 이행되고, 다시 이로부터 실거래가 신고기간인 30일 이내에 신고된 금액임을 유의해야 합니다.

한 가지 더하자면, 호가 시세는 매도인(주택의 경우 집주인)의 희망 사항이 반영된 일방향적 지표임에 비해, 실거래가는 매수인과의 가격 협의와 절충이 이루어진 최종 거래가액이므로, 호가시세가 실거래가보다 높은 경우가 많습니다.

즉, 부동산의 가격이 보합으로 유지되는 것이 아니라 상승 또는 하락하고 있다면 과거 지표로 볼 수 있는 실거래가와 미래 지표로 볼 수 있는 호가에는 통상 3개월 이상의 시간적 갭이 존재함에 따라 가액의 차이가 발생합니다.

시간적 간극에 따른 차이에 더하여 호가 시세는 매도인과 매수인이 절충하기 이전의 금액이므로 이로 인한 차이가 발생할 수 있음을 인지하고 시세를 보는 것이 좋습니다.

시세를 파악하면서 더 염두에 두어야 할 점은 같은 아파트 단지라도 거실뷰, 동배치 방향, 층수, 발코니 확장 여부, 인테리어 유무 등 여러 가지 요소들이 매매 가액에 반영될 수 있음을 인식하고 확인해야 합니다.

예를 들면, 1주일 만에 실거래가가 5천만 원이 오른 매매가가 신고되었다 할지라도, 인테리어가 되지 않은 북향의 1층 매물이 상대적으로 저가에 거래된 후, 최근 인테리어를 마친 남향의 20층 매물이 거래되었다면, 이는 매매가의 급등으로 보기보다는 개별 매물 간의 금액 차이로 이해할 수 있을 것입니다.

따라서 한두 건의 거래시세만을 보고 예단하기보다는, 꾸준히 장기적으로 시세를 파악한다면 그 아파트 단지의 거래가의 흐름을 더 잘 이해하게 됩니다.

같은 관점에서 내가 보유한 크기의 아파트 시세만을 볼 것이 아니라 해당 단지에서 크고 작은 아파트의 시세는 어떻게 변하는지를 지켜본다면, 그 단지에서 최근 대형 평형이 선호되는지 소형 평형에 수요자가 몰리는지의 경향을 파악할 수도 있을 것입니다. 그리고 아파트 동별 정렬을 이용해보면 어느 동호수가 가장 선호되는 로얄 동호수, 층수인지도 파악할 수 있습니다.

좀 더 확장해볼 수 있다면, 내가 보유한 아파트 단지와 바로 옆에 인접한 단지의 시세를 상호 비교하면서 흐름을 파악해 볼 수도 있을 것입니다.

이와 같이 내가 보유한 부동산의 시세를 꾸준히 파악하는 것만으로도 해당 단지의 흐름을 파악하는 데 큰 도움이 되며, 지금이 매도해야 할 타이밍인지 좀 더 보유하는 것이 좋을지를 판단하는 데에도 도움이 됩니다.

또한, 급히 보유 부동산을 매도해야 할 상황이 발생하더라도 현 시세를 대략 파악하고 있으므로 적정 호가를 제시할 수 있겠습니다.

그리고 해당 아파트 단지의 매매 건수가 얼마나 나와 있는지의 동향에 대해서도 꾸준히 살펴보면 매우 흥미 있는 데이터가 됩니다. 예를 들어 주변 지역 대단지 분양아파트가 입주하는 시점과 같이 특수한 상황을 제외한다면, 일반적으로 매매 건수가 많이 나와 있다면 팔고 싶어 하는 매도인이 많다고 생각할 수 있을 것이고, 매매 건수가 별로 없다면 팔기를 희망하는 사람은 별로 없고 오히려 대기 중인 매수인이 있을 수 있다고 생각해볼 수 있습니다.

다만, 너무 많은 매물을 네이버 부동산에 올리지 않도록 공인중개사님들이 매매 거래건 분량 조절을 적절히 하는 경우가 있을 수 있고, 또 어떤 거래는 네이버에 올리기도 전에 빠르게 매도인과 매수인이 만나 거래가 진행되어 버리는 경우(특히, 매물이 귀할 경우 많이 발생함)들도 있으므로 참고적으로만 살펴볼 데이터입니다.

둘째, 보유 중인 부동산의 전월세 호가와 실거래가를 파악합니다. 호가와 실거래가는 이미 매매에서 설명한 바와 마찬가지로, 호가는 임대인(집주인)이 임차인(세입자)에게 받기를 원하는 전월세가액이고, 실거래가는 임대인과 임차인이 상호 협의해 절충되어 이미 거래된 몇 개월 전 과거의 가액입니다.

역시 아파트 입주 시점과 같이 한꺼번에 공급되는 특수한 경우가 아니라면, 전월세 매물이 많은 것은 세입자를 구하기 어렵다는 것을 의미합니다. 그 원인은 여러 가지로 분석될 수 있겠지만 대표적으로는 그 아파트 단지 주변에 신규 입주물량이 있는 경우에는 주변 단지들에 영향을 주어 세입자를 구하기 힘들게 되고 이는 전월세 가액의 하락 내지는 약보합으로 나타날 수 있습니다.

이와는 반대로 전월세 매물이 거의 없다면, 세입자가 집을 구하기 어렵다는 것을 의미하며, 간혹 나오는 전월세 매물의 가액이 상승하거나 입주기간의 조건이 까다로워질 수 있음을 의미합니다.

셋째, 아직 보유하지 않았으나 가까운 장래에 보유하려 하는 후보지의 부동산의 매매 및 전월세 호가와 실거래가를 파악합니다. 보유 또는 전월세 거래를 희망하는 후보지의 부동산들도 역시 네이버 부동산에서 '관심단지' 또는 '관심매물'로 표시해두고 시세를 파악합니다.

이와 같이 미리 시세를 파악해두면 상대적으로 가격이 저렴한 급매물이 나왔을 때 정말 시세보다 저렴하게 나온 좋은 매물인지, 컨디션이 좋지 않아 이를 반영하여 저렴하게 나온 매물인지 진위를 파악할 수 있습니다. 만약 정말 시세보다 저렴한 급매라고 판단이 되면 다른 사람보다 먼저 계약하여 매물을 선점할 수 있습니다.

전월세 매물도 이와 마찬가지입니다. 평소 로얄 동호수와 전월세의 저가 및 고가 시세 흐름을 대략적으로 파악하고 있다면, 매물이 나왔을 때 적정 가격인지 판단하여 빠르게 거래를 진행할지, 좀 더 다른 매물을 지켜볼지, 임대인과 협의하여 적정 금액으로 절충하면 좋을지 판단할 수 있습니다.

넷째, 가까운 장래에는 어렵지만 미래에 내가 갖고 싶은 워너비 부동산의 매매 호가와 실거래가를 파악합니다. 미래의 워너비 부동산이라면 아마도 전월세보다는 매매 거래가 될 것입니다. 지금 당장은 가용 금액의 한계로 인해 매수할 수 없지만, 언젠가는 꼭 내가 갖고 싶은 부동산들을 네이버 부동산 '관심단지'에 모아둡니다.

꼭 하나가 아니어도 되고 여러 개여도 좋습니다. 의도적으로라도 반복하여 시각에 노출시키면서 자신의 뇌에 리마인드를 하고 각오를 하면 워너비 부동산을 갖기까지의 시간을 좀 더 단축할 수 있지 않을까 생각합니다.

실제로 시간이 흐른 뒤에는 그 부동산이 더 이상 좋아 보이지 않을 수도 있습니다. 시간이 흘러 노후돼서일 수도 있고 주변에 환경이 더 좋은 신축 단지가 생기거나 최신 기술이 접목된 인공지능 아파트 단지가 새로운 워너비가 될지 모릅니다.

변화가 있다면 수정하고 업데이트하면서 지속적으로 나의 워너비 부동산을 조사하고 공부해보는 것은 어떨까요? 오랫동안 관찰하고 준비한다면 적어도 다른 사람들보다는 유리한 위치를 선점할 수 있지 않을까 생각합니다.

규제와 딱 붙어 있는 세금

부동산에서 세무 분야는 세법과 시행령, 규칙 등의 법제를 알고 적용해야 하는 분야입니다. 처음 접해 습득하기에는 까다로워서 세무 전문가인 세무사 또는 회계사에게 맡기는 것이 좋다는 것이 보편적인 견해입니다.

부동산을 사거나 팔기 전에 세무사에게 확인과 검증을 거쳐야 한다는 점에 대해서는 당연히 공감합니다만, 세무사에게 위임하면 되니 나는 자세히 몰라도 문제가 없다고 생각하는 점에 대해서는 반대하는 입장입니다. 왜냐하면, 부동산 투자자의 최종 수익은 단순히 부동산을 살 때와 팔 때의 차익이 아니라 납부해야 할 모든 세금(취득세, 종합부동산세, 종합소득세,

양도소득세)을 제외하고 남은 잔액이 되기 때문입니다. 따라서 세금에 따른 최종 수익을 미리 예상하고 부동산을 사고팔고 보유할지를 결정하는 것이 최종 수익률을 좌우하는 데 있어 매우 큰 요소가 됩니다.

세무사는 다양한 세금 분야에 대한 실무처리 전문가인 스페셜리스트라면, 부동산 투자자는 세금뿐만 아니라 전체적인 부동산 시장의 흐름과 정책 변화, 보유 중인 지역의 호재, 공급과 수요량 예측 등 복합적 요인을 모두 고려하여 자신만의 플랜에 따라 언제, 어떻게, 무슨 부동산을 사고팔고 보유할지를 계획하고 관리해야 하는 제너럴리스트가 되어야 합니다.

다시 말해, 부동산과 관련된 세금의 전반적인 큰 그림에 대해 경영자가 알고 있어야 다른 요인들과 함께 고려하여 사고팔고 보유할지를 결정할 수 있습니다. 이러한 결정에 따라 부동산을 사고팔고 보유를 실행하게 될 경우, 각 개인 또는 법인의 부동산 보유 현황에 따라 실제 발생하게 될 세금에 대해 세무사에게 자문을 구하는 것이 바람직하다고 생각합니다.

부동산과 관련하여 납부하게 될 세금은 다음과 같이 크게 3가지로 구분할 수 있습니다.

1) 부동산을 살 때 납부하는 취득세

2) 부동산을 보유하고 있는 동안 재산세, 종합부동산세, 종합소득세

3) 부동산을 팔 때 납부하는 양도소득세

3가지의 세금은 모든 투자자에게 동일하게 적용되는 것은 아닙니다.

A) 기존 보유하고 있는 부동산의 개수와 가액,

B) 만약 임대하고 있다면 전세/월세 임대 형태와 임대보증금 및 월세액,

C) 부동산 보유주체가 개인인지 법인인지,

D) 공동소유인지 단독소유인지,

E) 주택법이 적용되는지 건축법이 적용되는지,

F) 주택임대사업자 등록에 따른 감면과 면제 혜택이 있는지 없는지,

G) 보유기간에 따른 장기보유특별공제를 받을 수 있는지 없는지 등

다양한 요소에 따라 각각 다릅니다.

그런데 이와 같은 부동산과 관련된 세금은 정책에 따라 세금이 강화되기도 하고, 한시적으로 완화되기도 합니다.

현 정권에서의 26번의 부동산 정책(2021년 5월 기준) 중 세금과 관련해 가장 강력한 대책은 7.10대책(2020년 7월 10일 발표)으로 볼 수 있습니다.

7.10대책에서는 다주택자와 법인의 취득세, 종부세, 양도세를 강화하여 부동산을 살 때부터 보유하고 팔 때까지의 모든 단계에서 세금을 강화했습니다. 다시 말해 입구와 출구를 막으면서 동시에 갇혀 있는 동안에도 압박을 가하여, 어떤 경우의 수를 택하더라도 강화된 세금을 피할 수 없는 전방위적인 정책입니다. 7.10대책 이후 법 개정에 따라 즉시 적용되는 세금도 있고, 일정 기간 경과를 두고 2021년 7월부터 적용되는 세금도 있습니다.

아래에서는 7.10대책으로 강화된 3가지 세금을 각각 좀 더 상세히 살펴보겠습니다.

1) 부동산 취득단계

취득세율 인상(안)

<table>
<tr><th colspan="3">현 재</th></tr>
<tr><td rowspan="4">개인</td><td>1주택</td><td rowspan="3">주택 가액에 따라 1~3%</td></tr>
<tr><td>2주택</td></tr>
<tr><td>3주택</td></tr>
<tr><td>4주택 이상</td><td>4%</td></tr>
<tr><td colspan="2">법 인</td><td>주택 가액에 따라 1~3%</td></tr>
</table>

<table>
<tr><th colspan="3">개 정</th></tr>
<tr><td rowspan="4">개인</td><td>1주택</td><td>주택 가액에 따라 1~3%</td></tr>
<tr><td>2주택</td><td>8%</td></tr>
<tr><td>3주택</td><td rowspan="3">12%</td></tr>
<tr><td>4주택 이상</td></tr>
<tr><td colspan="2">법 인</td></tr>
</table>

(출처: 기획재정부 2020.07.10. 발표 주택시장 안정 보완대책)

부동산을 살 때 납부하게 되는 취득세는 부동산의 취득가액을 기준으로 산정됩니다. 예를 들어, 10억 원의 아파트를 매수하여 취득한다면 7.10대책 이전에는 개인, 법인 모두 3%의 취득세가 적용되며 지방교육세 0.3%를 포함하면 총 3.3%이므로 3,300만 원을 납부하면 되었습니다.

7.10대책 이후에는 기존 보유하고 있는 주택 수와 개인인지 법인인지에 따라 최대 12%의 취득세가 적용되며 지방교육세 0.4%를 포함하면 총 12.4%이므로 12,400만 원을 납부해야 합니다.

또한, 위 표에는 표시되지 않았으나 만약 국민주택규모(주거전용면적 85m²)를 초과하는 주택의 경우 농어촌특별세가 추가되는데, 취득가액의 0.2%(최소)에서 1%(최대)까지 추가될 수 있습니다.

따라서 7.10대책 후 3주택 이상의 개인이나 법인이 국민주택규모를 초과하는 10억 원의 아파트를 매수하는 경우 200만 원에서 1,000만 원의 농어촌특별세를 더 납부해야 하므로, 취득세+지방교육세+농어촌특별세를 모두 합산하여 취득가액의 13.4%인 13,400만 원을 납부해야 합니다.

1주택자의 경우 주택 가액에 따라 취득세가 1~3%로 적용된다는 의미는 다음과 같습니다.

주택 가액의 구간별로 취득가액 6억 원 이하는 취득세 1%에서 취득가액 9억 원 초과 시 취득세 3%가 적용됩니다. 6억 원에서 9억 원 사이의 경우 주택 취득가액의 증가액에 따라 취득세 적용 비율도 대략적으로 비례하여 상승하게 됩니다.

예를 들어, 취득가액이 7억 원이면 1.67% 취득세와 0.167%의 지방교육세로 총 1.837%에 해당하는 1,285만 9천 원의 세금을 납부하게 됩니다.

만약 취득가액이 8억 원이면 2.33%의 취득세와 0.233%의 지방교육세로 총 2.563%에 해당하는 2,050만 4천 원의 세금을 납부하게 됩니다.

투자자의 입장에서 이를 고찰해보면 1주택자의 경우 기존과 동일하지만 다주택자와 법인 투자자의 경우 취득세의 증가로 최종 수익률이 크게 줄어들게 됨은 물론이고 초기 투자비용 부담이 증가했습니다.

특히, 2019년 12월 16일 발표된 12.16대책에서 4주택 이상의 다주택자에게 기존 취득세 1~3%에서 주택 가액에 관계없이 4주택 이상 취득 시 취득세를 4%로 상향 조정되었습니다.

개정된 지 불과 1년이 지나지 않은 시간에 다시 2020년 7월 10일 발표된 7.10대책에서 3주택 이상의 경우 12%로 취득세가 강화된 점은 부동산 투자에 새로 진입하여 성장기에 있는 투자자에게는 매우 큰 장벽으로 작용된다고 생각됩니다.

예를 들어, 6억 원의 전세 세입자가 있는 10억 원의 국민주택규모 아파트를 매수하는 경우 7.10대책 이전에는 4억+세금 3,300만 원+부대비용(중개수수료, 법무사수수료 등)이 필요했다면, 7.10대책 이후에는 4억+세금 12,400만 원+부대비용이 소요되어 약 1억 원의 투자금을 더 준비해야 합니다.

또한, 취득세는 나중에 부동산을 팔 때 양도소득세에서 필요경비로 반영되어 일부 보존된다 하더라도, 최종 수익률을 따져보면 아직 부동산 가격이 상승하지도 않았는데 이후의 상승 또는 하락 여부에 관계없이 취득가액의 12.4%에 해당하는 금액과 부대비용을 미리 납부해야 합니다.

즉, 취득 시 지출되는 비용만 고려하더라도 매수할 때 취득가액보다 약 14% 이상 상승해야만 수익 구간이 시작되며 만약 이에 미치지 못한다면 손실이 되므로, 투자를 계획하고 판단하는 단계에서 사전에 이를 면밀히 검토하여 전략을 수립해야 합니다.

예를 들어, 다주택자와 법인이 10억 원의 국민주택규모 아파트를 매수하는 경우, 취득단계에서의 세금만을 고려하더라도 대략적으로 11억 4천만 원을 넘어야 비로소 손실에서 수익으로 가는 임계점이 됩니다.

주택법의 적용을 받지 않고 건축법의 적용을 받는 부동산(예를 들어 상가 등의 상업용 부동산)의 경우에는 종전과 마찬가지로 취득가액의 4.6%의 세금을 납부하게 됩니다. 그러나 2020년 7월 31일 발표된 지방세법 시행령 개정안에 따르면, 오피스텔을 취득한 후 주택을 취득하는 경우 취득세를 산정하기 위한 주택 수에 오피스텔도 기존 주택으로 반영하여 산정하게 됩니다.

예를 들어, 10억 원의 국민주택규모 아파트를 매수하는 경우 종래에는 오피스텔을 보유하고 있더라도 무주택자로 취급하여 3.3%의 세금이 적용되나, 개정 후에는 아파트를 매수하는 경우 취득세 산정 시 오피스텔이 주택 수에 포함되므로 1채의 오피스텔을 보유하고 있다면 아파트 매수는 2주택으로 취득세가 산정되고 2채 이상의 오피스텔을 보유하고 있다면 아파트 매수는 3주택 이상으로 취득세가 산정됨에 주의하여야 합니다.

단, 주택 청약에서 주택 수를 산정할 때에는 오피스텔을 보유하더라도 주택 수에 포함되지 않습니다. 각각의 취급이 달라 주의해야 하는 부분입니다.

2) 부동산 보유단계

부동산을 보유하고 있는 단계에서 부과되는 세금은 다시 종합부동산세, 종합소득세, 재산세로 나눌 수 있습니다.

먼저, 종합부동산세는 주택공시가격을 기준으로 조정대상지역에 있는 부동산의 경우 1주택의 경우 11억 원을 초과(2021.08.31. 국회 통과)하는 경우, 2주택 이상의 경우 6억 원을 초과하는 경우에 부과되는 세금입니다.

반면, 종합소득세는 주택을 전세 또는 월세의 형태로 임대하는 경우 전세보증금의 은행이자율 상당액(간주임대료) 또는 월세액에 대해 연 소득의 소득세를 부과하는 것입니다. 재산세는 보유 주택마다 각각 개별적으로 공시가격에 비례하여 산정됩니다.

이 중 종합부동산세의 경우 공시가격 현실화율과 공정시장가액비율이 상향 및 세 부담 상한이 상향됨에 따라 매년 급격하게 상향되고 있습니다.

종부세 세율 인상(안)

시가 (다주택자 기준)	과표	2주택 이하 (조정대상지역 2주택 제외, %)		3주택 이상 + 조정대상지역 2주택(%)		
		현행	12.16	현행	12.16	개정
8~ 12.2억	3억 이하	0.5	0.6	0.6	0.8	1.2
12.2~ 15.4억	3~6억	0.7	0.8	0.9	1.2	1.6
15.4~ 23.3억	6~12억	1.0	1.2	1.3	1.6	2.2
23.3~ 69억	12~ 50억	1.4	1.6	1.8	2.0	3.6
69~ 123.5억	50~ 94억	2.0	2.2	2.5	3.0	5.0
123.5억 초과	94억 초과	2.7	3.0	3.2	4.0	6.0

* 공시가격 현실화율 75~85%, 공정시장가액비율 95%를 적용했을 경우
(출처: 기획재정부 2020.07.10. 발표 주택시장 안정 보완대책)

좀 더 상세히 살펴보면 조정대상지역에 있는 2주택 이상 부동산을 보유했을 경우, 종합부동산세는 A*B*C로 산출할 수 있습니다.

A. 보유한 주택의 공시가격을 합산한 금액 – 6억 원

B. 공정시장가액비율(2021년 95%, 2022년 이후 100%)

C. 과세표준에 따른 세율

예를 들어, 조정대상지역에 공시가격 10억 원 아파트1과 5억 원의 아파트2를 보유하고 있다면, A는 15억 원-6억 원=9억 원, B는 2021년 95%이므로 0.95, A*B는 8억 5,500만 원으로 과표구간 6억~12억에 해당하여 C는 2.2%의 세율이 적용되어 2021년 1,881만 원의 종합부동산세를 납부해야 합니다.

(※ 주의: 표에서 시가라고 표시된 것은 실제 거래가를 의미하며, 종합부동산세 산출을 위한 주택공시가격은 부동산 공시가격알리미(www.realtyprice.kr)에서 매년 공시하는 공시가격을 꼭 확인하시기 바랍니다.)

유의할 점은 종합부동산세의 경우 매년 6월 1일을 기준으로 보유 중인 부동산에 대해 과세됩니다. 단, 매매계약체결일이 기준이 아니라 소유권 이전등기일이 기준이 되므로 일반적으로 매매계약에서는 잔금일이 기준이 될 것입니다.

예를 들어, 2021년 3월 30일에 매매계약을 체결하면서 잔

금 지급일을 2021년 5월 30일로 하여 잔금지급과 동시에 소유권이전등기를 접수했다면, 2021년의 종합부동산세는 부동산을 새로 산 매수인에게 반영되어 부과됩니다.

그러나 2021년 3월 30일에 매매계약을 체결하면서 잔금 지급일을 2021년 6월 1일로 하여 잔금지급과 동시에 소유권이전등기를 접수했다면, 2021년의 종합부동산세는 부동산을 판 매도인에게 반영되어 부과됩니다.

만약 당해년도 종합부동산세 부담을 덜기 위해 보유 중인 부동산을 매도해야 한다면, 과세표준일인 6월 1일 이전까지 처분하는 것이 유리하겠습니다.

투자자의 입장에서 고찰해보면 7.10대책 이전에 부동산을 이미 취득하여 취득세 상향에 따른 부담은 피했다 하더라도 종합부동산세가 점진적으로 증가함을 반드시 고려해야 합니다. 특히, 공시가격현실화율 조정에 따라 점진적으로 상향되어 90%까지 도달하고, 2022년 이후 공정시장가액비율이 100%가 되면, 적용되는 과표구간이 올라감에 따라 세율 부담이 증가할 수 있음을 유의해야 합니다.

뿐만 아니라, 1회만 납부하는 취득세, 양도소득세와 달리 종합부동산세는 재산세처럼 매년 납부해야 하는 세금이므로 이미 다수택을 보유 중인 투자자에게 큰 부담이 됩니다. 또 법인 투자자의 경우 2020년 06월 17일 발표한 6.17대책에서 미리 언급된 바와 같이 6억 원의 공제가 되지 않고 세부담 상한이 없으므로 더욱 치명적입니다.

위에서 예로 든 공시가격 10억 원 아파트1과 5억 원의 아파트2를 법인이 보유하고 있다면, A는 15억 원, B는 2021년 95%이므로 0.95, A*B는 14억 2,500만 원으로 과표구간 12억~50억에 해당하여 C는 3.6%의 세율이 적용되어 2021년 5,130만 원의 종합부동산세를 납부해야 합니다. 종합부동산세 납부 대상인 법인 소유 부동산을 보유함에 있어서는 신중한 검토가 필요하겠습니다.

3) 부동산 처분 단계

부동산을 매도하여 처분하는 단계에서는 양도소득세가 부과됩니다.

다만 양도소득세는 양도차익(최종 매도가액 – 최초 취득가액의 차이에서 필요 경비 제외액)에 대해서 과세된다는 점에서, 취득가액 자체에 부과되는 취득세나 공시주택가격에 일정 비율로 과세되는 종합부동산세와 차이가 있습니다.

예를 들어, 10억 원의 아파트를 2년 이상 보유하다 처분하는 경우 최초 취득가액이 8억 원이고 필요 경비가 5,000만 원이라면 양도차익은 1억 5,000만 원이 됩니다. 양도차익 1억 5,000만 원에 대해 장기보유특별공제, 기본공제 반영된 과세표준에 다시 감면, 중과가 반영되어 부과된다는 점에서, 만약 양도차익이 매우 적거나 없다면 양도소득세는 발생하지 않을 수 있습니다.

그러나 양도소득세의 경우 1세대 1주택 비과세 적용 여부, 일시적 2주택 적용 여부, 주택임대사업자 거주주택 비과세특례 적용 여부, 장기일반민간임대주택의 세액 감면 적용 여부, 다주택자 중과세율 적용 여부 등에 따라 경우의 수가 매우 많으므로, 기본적으로 익혀두되 최종적으로는 전문 세무사와 충분히 상담한 후에 처분을 결정하는 것이 필요합니다.

양도소득세 세율 인상(안)

<table>
<tr><th colspan="2" rowspan="2">구분</th><th colspan="3">현행</th><th>12.16.
대책</th><th colspan="2">개선</th></tr>
<tr><th>주택 외
부동산</th><th>주택·
입주권</th><th>분양권</th><th>주택·
입주권</th><th>주택·
입주권</th><th>분양권</th></tr>
<tr><td rowspan="3">보유기간</td><td>1년
미만</td><td>50%</td><td>40%</td><td rowspan="3">(조정
대상지역)
50%

(기타지역)
기본세율</td><td>50%</td><td>70%</td><td>70%</td></tr>
<tr><td>2년
미만</td><td>40%</td><td>기본
세율</td><td>40%</td><td>60%</td><td rowspan="2">60%</td></tr>
<tr><td>2년
이상</td><td>기본
세율</td><td>기본
세율</td><td>기본
세율</td><td>기본
세율</td></tr>
</table>

2021년 6월 1일 규제지역 다주택자 양도세 중과세율
20%p(2주택) 또는 30%p(3주택 이상)

(출처: 기획재정부 2020.07.10. 발표 주택시장 안정 보완대책)

투자자의 입장에서 고찰해보면 취득세와 종합부동산세의 증가에 따라 보유 중인 부동산을 일부 처분하려 해도 양도소득세의 인상으로 퇴로 또한 막혀버린 어려운 상황이 되었습니다. 뿐만 아니라, 투자자가 아닌 이주를 희망하는 실수요자 입장에서도 1세대 1주택 비과세 적용이나 일시적 2주택 적용 요건을 충족하지 못한다면 양도소득세의 부담으로 이주가 제한되는 측면이 있을 수 있겠습니다.

그리고 2년 미만 단기 보유 부동산의 경우 양도소득세율 인상과 분양권의 양도소득세율 인상에 따라 단기 보유 부동산을 처분하여 실질적인 수익을 실현하기 어려워졌다고 보여

집니다.

매년 세법이 개정되어 개정안이 미리 발표되고 개정세법의 시행일이 정해집니다. 조금 어렵게 느껴질 수 있지만 처음에 기초적인 부동산 세법만 잘 익혀둔다면, 이후에는 매년 개정되어 변경되는 부분만 확인하고 수정할 수 있습니다.

여러분들도 세금을 미리 잘 공부해두고 부동산 투자 계획 단계부터 나에게 유리한 방향으로 매매거래의 플랜을 짜고 실행하는 현명한 투자자가 되길 바랍니다.

4장

향후 부동산의 흐름과 우리의 대응 방안을 고민하다

대내외 환경 변화와 부동산 정책의 변화에 따른 예측

2021년 하반기 이후 부동산의 흐름을 예측하기 위해 먼저 대내외 경제 환경 변화와 부동산 정책의 변화들을 살펴보고, 이에 따른 부동산 수요 변동과 공급 변동으로 인한 부동산의 흐름을 예측해보겠습니다.

1) 신축 아파트 인허가 규제에 따른 신축 공급 물량 감소

2017년 이후 신축 아파트 인허가 규제에 따른 신축 아파트 공급물량 감소가 본격화되고 있습니다. 특히, 아파트 인허가 시점으로부터 입주 시까지 소요되는 시간을 고려한다면 단기간에 신축 아파트 공급물량을 늘리기는 매우 어렵습니다.

신축 공급부족 현상이 누적됨에 따라 수년간 점진적으로 신축 아파트 공급이 감소해 매매물량은 더욱 부족하게 될 것입니다.

2) 0기, 1기 신도시 아파트의 노령화와 멸실주택 증가

반포, 잠실 등 강남권과 목동, 상계동 지역의 1980년대 준공된 아파트(90년대 준공된 1기 신도시와 구분하기 위해 0기 신도시라 부르기도 합니다)와 1기 신도시 아파트의 노화가 지속되고 있어 노화에 따른 멸실주택이 점차 증가하고 있습니다. 이에 따른 구축 아파트 공급 감소가 예상됩니다.

아울러, 아직 멸실이 되지 않았더라도 노화로 인한 주거 불편(예를 들어, 세대 리모델링을 하더라도 상수도 배관 노화로 인해 녹물 발생, 건물 외벽의 누수 발생 등)으로 인해 주택 소유자들이 실거주할 대체주택 수요가 함께 증가할 수 있습니다.

3) 재개발, 재건축 사업의 지연에 따른 신축 공급 부족

지난 10년간, 특히 서울에서의 재개발구역 지정 해제, 재건축 안전진단 강화로 인해 재개발, 재건축 사업이 오랜 기간 지연되었습니다. 특히, 재개발과 재건축의 경우 사업성 검토와 기존 거주자의 이전, 철거에 대한 합의로 인해 입주시까지 긴 시간이 소요됩니다.

따라서 재개발과 재건축 사업의 지연으로 인해 신축 아파트의 공급 물량은 부족하게 될 것입니다.

4) 전 세계 주요 국가의 화폐 통화량 증가

코로나19의 영향으로 미국을 비롯한 주요 국가들이 경제활동 위축을 방어하기 위해 유통 화폐를 지속적으로 늘리고 있습니다. 뿐만 아니라 백신개발과 접종 이후 코로나19 이전으로의 회복을 기대하며 금리 인상 등 긴축 정책으로 늘어난 유통 화폐를 조절하려는 움직임이 있었습니다. 그러나 델타 변이 등 백신 접종자의 돌파 감염으로 인해 다시 대유행이 지속되고 있습니다.

미국은 더욱 막대한 양의 화폐유통 증가를 예고하며 달러를 발행하고 있으며, 국내에서도 국내 경기 위축을 방어하기 위해 2021년 하반기 재난지원금을 비롯하여 통화량을 급격히 늘리고 있습니다.

화폐의 유동성 증가는 필연적으로 화폐가치 하락과 실물자산인 부동산의 가치 상승을 유발하여 전 세계의 핵심지역 부동산의 가격은 지속해서 상승하게 될 것입니다.

5) 건설 원자재 가격 상승, 토지가격 상승, 인건비 상승에 따른 신축 분양가 급등

앞서 말씀드린 화폐 가치의 하락에 따른 부동산 가격 상승과 궤를 같이하여, 국내에서는 건설 원자재(철근 등) 가격 상승, 토지가격 상승, 건설 인건비 상승이 동시 다발적으로 발생하고 있습니다.

건설사의 입장에서는 이윤을 확보하기 위해 원가 상승에 따른 추가 비용부담을 신축 아파트 분양가에 반영합니다. 이 방법으로 소비자에게 비용을 전가해 신축 아파트 분양가가 급격히 높아지고 있습니다. 또한, 신축 아파트의 분양가 상승 견인에 따라 주변의 준신축, 구축 아파트도 일정 격차를 두고 따라 오르게 되어 매매가의 전반적인 상승이 이미 진행되고 있습니다.

델타 변이 바이러스의 영향으로 2021년 하반기 이후 전 세계에서 더 많은 화폐가 유통된다고 예고하고 있습니다. 이렇게 되면 향후 수년에 걸쳐 부동산 가격의 급등도 더욱 가속화될 것으로 예상됩니다.

6) 산업구조의 변화와 일자리 집중 현상의 가속화에 따른 부동산 수요 급증

코로나19로 소득이 영세한 자영업자와 지방 소도시, 군지역이 더 큰 타격을 받게 되었습니다. 이에 따라 IT 분야를 비롯한 대기업으로의 일자리 집중, 일자리가 풍부한 대도시로의 쏠림 현상이 가속화되어, 양질의 일자리가 있는 지역의 부동산 수요가 급증하고 있습니다. 뿐만 아니라 양질의 일자리가 있는 지역에서는 고소득층의 연봉이 크게 증가하여 주택 구매 여력이 확대되고 있다는 점도 부동산 매매가의 상승 요인이 될 수 있겠습니다.

7) 양도소득세와 종합부동산세 강화로 인한 공급 감소

2020년 7.10부동산대책을 포함하여 부동산 양도소득세와 종합부동산세가 지속적으로 강화되어 왔습니다. 특히, 다주택자의 경우 30% 중과시 지방세 포함 최대 80%가 넘는 양도소득세에 부담을 느껴, 거래 가능한 부동산이 크게 감소하는 매물 잠김 현상이 발생하고 있습니다. 이에 따라 부동산 거래 건수는 크게 감소했지만 거래 가능한 부동산 물량의 희소가치로 가격이 급등해 실거래 신고가 비율이 매우 높아지게 되었습니다.

실거래 신고가가 높아지면 다시 부동산을 보유한 소유자의 심리를 자극하여 부동산 매도 호가는 더욱 높아지고, 일부 수요자가 호가를 받아들이고 매수하면서 다시 신고가가 높아지고 있습니다.

8) 부동산 증여 증가로 인한 공급 감소

종합부동산세가 부담이 되지만 양도소득세 부담으로 인해 부동산을 타인에게 팔지 않고 가족에게 증여하는 경우가 많아지고 있습니다.

2020년 증여에 따른 취득세가 일부 조정되었지만, 여전히 매매해 양도소득세를 납부하는 것보다 유리하다고 판단한 사람들은 증여를 선택하고 있습니다. 이에 따라 부동산 거래시장의 유통 물량이 더욱 감소하고 있습니다.

9) 주택임대사업자의 등록유지 의무기간 준수로 인한 구축 공급 감소

김현미 전 장관의 재임시절, 적극적으로 주택임대사업자 등록을 유도함에 따라 등록임대주택의 수가 크게 증가했습니다. 등록한 주택임대사업자의 입장에서는 세제혜택을 받기 위해 주택임대사업자 등록유지 의무기간을 준수하여 임대해야 합니다.

이에 따라 등록임대주택에 거주하고 있는 세입자의 경우

의무기간 동안 실거주 혜택을 받고 있다고 볼 수 있지만, 부동산 거래시장에 유통될 수 없는 매물 잠금 효과로 매매물량의 공급이 감소되었습니다.

10) 계약갱신청구권과 전월세상한제로 인한 주택매수 수요 증가

2020년 7월 31일부터 시행된 계약갱신청구권과 전월세상한제로 인해 아파트 전세 물량이 급감하고 신규전세계약과 갱신청구권사용 전세계약의 전세 차이가 크게 벌이지게 되었습니다. 또한 일부 임대인의 경우 가족이 실입주할 것임을 통지해 임차인이 계약갱신청구권을 사용하지 못하고 퇴거하게 하기도 합니다.

전세가는 폭등하고 전세 매물은 사라지고 있어 무주택자의 주택매수 수요가 증가하고 있습니다.

또한, 2021년 7월부터 일정 요건하의 무주택자에게는 주택담보대출의 LTV를 완화했지만, 2021년 하반기에는 다시 은행권에서 주택담보대출을 한시적으로 제한하는 등 일관성 없는 대출 정책이 이어지고 있습니다. 이는 주택매수 예비 수요자들에게 더 기다리면 대출조차 막힐 수 있다는 심리적 불안감을 유발하여 대출이 가능할 때 서둘러 주택을 매수하게 하는 요인이 되기도 합니다.

11) KB 부동산 매매가격지수와 전세가격지수의 변화 추이

2021년 현재 KB 부동산 매매가격지수와 전세가격지수 변화 추이를 살펴보면, 매매가격지수와 전세가격지수 모두 급등하고 있음을 알 수 있습니다. 즉, 매매와 전세 모두 수요에 비해 공급이 부족해 2개의 지수가 동시에 급격히 상승하고 있는 것입니다.

데이터를 참고해보면 2006년에서 2009년 사이 아파트 매매가격이 급등하던 시기에는 매매가격지수는 급격히 증가한 반면 전세가격지수는 이를 따라 가지 못했습니다.

따라서, 매매가격과 전세가격의 갭이 점점 커져서 부동산 시장 수요자들은 너무 높아진 매매가를 주고 매매를 하기보다는 안정적인 가격 흐름을 보이는 전세를 선택합니다. 이렇듯 수요와 공급의 시장 논리에 따라 주택 가격이 하락하게 되었습니다.

현 시점에서는 이와 달리 매매가격지수와 전세가격지수가 동시에 급등하고 있기 때문에 단기간 내에 수요와 공급에 따른 주택가격 하락을 기대하기 어려울 것으로 생각됩니다.

이상과 같이 11가지의 대내외 환경과 지난 부동산 정책에 따른 부동산 매매 수요와 공급의 변화를 살펴보면, 신축과 구축 모두 공급은 크게 감소했으며 향후 지속적으로 공급 감소가 누적되어 점점 더 매물이 사라지고 희소가치가 높아질 것이고, 통화량 증가와 건설 비용의 상승으로 인해 실물자산의 가치가 상대적으로 높아지고 있습니다.

매매 수요는 꾸준히 지속되므로 2021년 하반기 이후에도 매매가의 상승은 지속될 것으로 보여집니다.

부동산 정책의 방향과 대응 방안

최근 더불어민주당 유동수 의원 대표 발의로 양도소득세와 관련한 소득세법 개정안이 국회에 상정되어 검토되고 있습니다.

소득세법 개정안의 주요 내용을 살펴보면 다음과 같습니다.

1) 양도소득세 비과세 한도가 12억으로 상향

1주택자의 양도소득세 비과세 한도가 종래 9억에서 개정 후 12억으로 한도 상향됩니다.

예를 들어, 1주택자가 매매가 11억의 주택을 양도하는 경우, 종래에는 9억에 대해서는 1주택자 비과세가 적용되고 나머지 2억에 대해서만 안분하여 양도소득세를 산정했습니다.

그러나 소득세법 개정안이 시행되면 비과세 한도인 12억 이내이므로 1주택자는 양도소득세가 발생하지 않게 됩니다.

2) 1주택자의 장기보유특별공제 축소

양도소득세는 부동산을 최종 매도한 가액에서 매수 가액과 사용된 경비(취득세, 중개수수료 등)를 제외한 양도차익에 대해서 부과하게 됩니다. 그런데, 양도차익에 대해 바로 과세표준이 적용되는 것이 아니라 보유 기간에 따른 장기보유특별공제가 공제된 양도소득금액에 대해 과세표준에 따른 세액이 산출되는 방식입니다.

특히, 1주택자의 장기보유특별공제는 보유기간에 따라 최대 80%까지 적용되었습니다. 따라서 종래에는 고가의 부동산이라도 1주택자로 장기간 보유했다면 양도차익에 80%의 장기보유특별공제가 적용되어 실제 과세표준이 되는 양도소득금액은 크게 경감되었습니다.

그러나 소득세법 개정안에 따르면 양도차익에 따라 장기보유특별공제 한도를 차등 적용하여 양도차익이 클수록 공제율을 낮추고 더 많은 세금을 납부하도록 하고 있습니다.

만약, 양도차익이 15억을 초과한다면 보유 기간이 길더라도 장기보유특별공제는 최대 50%만 적용되게 됩니다. 예를 들어, 양도차익이 20억인 고가 주택이라면 장기보유특별공제를 최대로 적용받더라도 50%인 10억만 공제받고, 10억이 양도소득금액이 되어 과세표준에 따른 세율이 산정됩니다.

3) 다주택자가 최종 1주택이 될 경우 장기보유특별공제 축소

다주택자는 다른 주택을 모두 처분하고 최종 1주택이 되었을 때, 최종 1주택에 대해 1주택자 장기보유특별공제를 적용받게 됩니다. 종래에는 다른 주택을 모두 처분하고 남게 된 최종 1주택을 취득한 시점부터 보유기간을 기산하여 장기보유특별공제를 적용받았습니다.

따라서 다주택자인 상태로 장기 보유했더라도 다른 주택들을 모두 처분한다면 최종 1주택에 대해서는 보유기간을 모두 인정받을 수 있었습니다.

그러나 소득세법 개정안에 따르면 다주택자가 주택을 장기간 보유했더라도 다른 주택을 모두 처분하고 최종 1주택이 된 날부터 새로 보유기간을 기산하여 장기보유특별공제를 적용받게 됩니다.

소득세법 개정안의 3가지 내용 중,

1)번의 경우는 양도소득세 완화에 해당되나,

2), 3)번의 경우는 세액공제를 줄이는 것으로 개정법이 시행된다면 해당 사례와 같은 1주택자의 양도소득세는 실질적으로 크게 증가할 것입니다. 따라서 개정안이 시행된 이후에는 핵심지역에 장기 보유한 구축 주택은 더욱 매물이 줄어들 수밖에 없어 매물 잠금에 따른 공급축소 효과가 예상됩니다.

또 이에 해당하는 매물이 나온다면 매도인은 높아진 양도소득세만큼 조세 부담을 매수인에게 전가해 매매가격을 높일 것입니다. 자동적으로 핵심지역의 구축 매매가는 다시 한 번 급등할 수 있습니다.

2022년 대통령 선거가 얼마 남지 않았습니다.

아직 대선후보가 결정되지 않았고 공식적인 선거 공약이 발표되지 않았지만, 대선후보들의 부동산 정책에 대한 주요 발언을 살펴보면 다음과 같습니다.

여당 대선후보(이재명/이낙연/추미애/정세균/박용진)들의 주요 발언은,

비필수 부동산 조세부담 증가, 정부가 직접 부동산가격 통제, 택지소유상한법, 개발이익환수법, 불로소득환수, 보유세

인상이 있습니다.

야당 대선후보들의 주요 발언은,

주택담보대출비율(LTV) 70~80%로 상향, 종합부동산세와 양도소득세 완화, 자금조달계획서와 토지거래허가제 폐지가 있습니다.

차기 대통령이 여당과 야당 중 어느 쪽에서 당선되는지에 따라 부동산 규제 정책의 속도와 강도에는 차이가 있겠지만, 앞서 살펴본 바와 같이 아파트의 수요와 공급 측면과 대내외 경제 환경에 대한 분석을 생각한다면 부동산 규제 정책의 방향성을 단기 급선회하기는 어려울 것으로 생각됩니다.

따라서 2021년 하반기 이후에도 부동산 매매가의 상승은 지속되고, 부동산 규제 정책은 유지되거나 강화될 것으로 예상됩니다. 과거 규제정책이 발표된 이후의 흐름과 변화를 토대로 향후 발표될 규제정책에 대한 세심한 분석과 기민한 대응이 가장 중요한 시기입니다.

무주택자의 입장에서는 규제 정책의 시행시기를 고려해서 대응해야 합니다. 규제 정책에 따라 시장에서 급매물이 투하될 것을 기대하기보다는, 매물 잠금 현상이 나타나기 전에 자금 여력이 허락하는 한도에서 빠르게 선점하는 것이 유리할 것으로 생각됩니다.

주택을 이미 보유하고 있는 투자자의 입장에서는 투자 대상과 지역의 다변화를 꾀함과 동시에 기존 보유하고 있는 부동산에 대한 조세 강화에 대비해야 합니다. 금리 인상이나 세법개정으로 조세 부담이 가중되는 경우에도 융통 가능한 자금 스케줄을 미리 계획해두어 세금을 납부하기 위한 현금 흐름이 막히지 않도록 대비하는 것이 꼭 필요합니다.